Peter Mathei

Lebenserzählungen

Peter Mathei

Lebenserzählungen

Fromm Verlag

Imprint

Any brand names and product names mentioned in this book are subject to trademark, brand or patent protection and are trademarks or registered trademarks of their respective holders. The use of brand names, product names, common names, trade names, product descriptions etc. even without a particular marking in this work is in no way to be construed to mean that such names may be regarded as unrestricted in respect of trademark and brand protection legislation and could thus be used by anyone.

Cover image: Vom Autor bereitgestellt

Publisher:
Fromm Verlag
is a trademark of
Dodo Books Indian Ocean Ltd. and OmniScriptum S.R.L publishing group

120 High Road, East Finchley, London, N2 9ED, United Kingdom
Str. Armeneasca 28/1, office 1, Chisinau MD-2012, Republic of Moldova, Europe
Managing Directors: Ieva Konstantinova, Victoria Ursu
info@omniscriptum.com

Printed at: see last page
ISBN: 978-3-8416-0686-0

Lebenserzählungen (4. Buch)

Vorwort

Es wird wohl das letzte dieser Bücher mit „Lebenserzählungen " sein.

Diesmal kommen auch Personen vor, die nicht von Alberschwende waren, aber mir nahe standen und ich für sie die Verabschiedung als Priester leiten durfte. Und einige Lebensläufe haben Angehörige verfasst und vorgetragen.

Inzwischen darf ich jeden Samstag um 15 Uhr im Sozialzentrum (Betreutes Wohnen und Pflegeabteilung) aus diesen Lebenserzählungen vorlesen. Diejenigen aus der Hörerschaft, die vom Ort stammen, lassen sich gerne erinnern an die „vorausgegangenen " Personen und deren Lebenslauf.

Anmerkung

Die Zitate mit „Er" eingeleitet, sind Worte von Jesus selber.
Gabrielle Bossis war ihm eine grenzenlos offene und hörende „Sekretärin".

Peter Mathei, **Juni 2024**

Inhaltsverzeichnis

Josef Bereuter, Pfarrer

Musik Schoppernau, Kirchenchor St Martin, Volksgesang
Zelebrant: GenVik. Elmar Fischer
Predigt: Josef Senn

Hl. Messe für Pfr. Josef Bereuter

Sa 9.4.2005, 10:00 Uhr
Zel. Gen.Vikar Elmar Fischer. Konzel.: Anton Bereuter, Josef Jäger, Peter
Mathei. Evtl. Pfr Nenning
Evangelium und Predigt: Pfr. Josef Senn
Fürbitten: Familie
Schlusslied: 931 Christus ist erstanden (1-2)

Sterberosenkranz 8.4.2005
für Pfr Josef Bereuter
mit Pfr Peter Mathei

Liebe Familie, Freunde, Gemeinde, Mitbrüder..

meine letzte Begegnung mit Josef war genau vor einer Woche in der selben Stunde im Spital in Dornbirn. Er hat schon geschlafen, aber bei meiner leisen Berührung an der Schulter war er sofort wach und hat mich mit seinem freundlichen Lächelnl begrüßt.

Er hat gesagt, er sei zwar nicht imstande, allein aufzustehen und zu gehen, aber...

Josef war in der Stimmung, die ich in den letzten Jahren immer bei ihm bewundert habe: Eine friedvolle und gütige und heitere Stimmung.

In den Dreiviertelstunden bei dem Spitalsbesuch hat Josef dann viele schöne und große Sätze gesagt: Eine Widerholung von all dem, was seine Quellen immer gewesen sind, seine Wahrheiten, sein Fundament.

Eine Wahrheit, die er da noch einmal deutlich ausgeprochen hat, war: „Mir gohts guat.. Kascht allen, die nach mir fragen, sagen,

dass es mir gut geht…".

Aber das war nicht bloß eine äußerliche Festellung, sondern:

„…es geht mir immer gut. Warum ? Weil Gott gut ist."

Unter diesem Glaubenssatz, dass der allmächtige Gott gut ist - und dass es darum geht, dass auch wir in dem Kampf des Guten gegen das Immer noch Böse siegen wollen und können, (- mit Ihm und durch Ihn-) wollen wir den Rosenkranz beten.

Und zwar den „Schmerzhaften", weil der Schmerzhafte uns an die Prüfungen erinnert, die Josef bestanden hat – und weil der Schmerzhafte der Brauch ist und Josef ganz sicher keine Ausnahme machen möchte.

Zwischen den Gesätzlein möchte ich jeweils ein weiteres Wort von Josef erinnern..Jetzt aber und nach jedem Gesätzlein und zum Schluss wird uns eine kleine Musik trösten und helfen, froh zu sein.

Musik.

1…Der für uns Blut geschwitzt hat..

Es heißt: „Seine Todesangst war die schrecklichste aller Todesängste der Erde..Bietet diese angstvollen Qualen des Sohnes Eurem Gottvater an, für alle Zeiten, auch für Eure Zeit."

Todesangst hat Josef vermutlich im Krieg erfahren als Sanitäter ein Himmelfahrtskommando, wie er gesagt hat.

Aber es gibt auch eine Art „Angst des Priesters": Angst im Sinne von natürlicher Aufgeregtheit und Nervosität vor besonderen Gottesdiensten und Predigten, die auch Josef manchmal viel Mühe gekostet haben.

In den letzten Tagen hat man bei Josef keine Angst erkennen können. Das Gegenteil zur Angst ist die Liebe und die Liebe will vor allem eines: „Danken!"

Ein Hauptwort von Josef hat gelautet: „ Denken = Danken.

Das ist unsere Gleichung! Wenn jemand wirklich ‚denkt', dann kann er nur zum ‚Danken' kommen..!"

Beten: Der für uns But geschwitzt hat.
Musik

2. Der für uns gegeißelt worden ist..

Es passt nicht genau zu diesem Geheimnis der Geißelung, aber ich möchte hier ein weiteres Wort von Josef erinnern, das er noch an diesem Abend gesagt hat:

„Das Leben ist eigentlich einfach - und es ist für mich einfach."
 Und er fügt hinzu: „ Auch Gott ist einfach, nicht kompliziert."

Vielleicht ist es richtig zu sagen: Wir müssen auch gegeißelt werden durch Schläge und Hiebe des Lebens, bis wir - hoffentlich - „einfach" werden in unserer Lebensweise und in unserem Glauben, ähnlich wie Kinder und alte Menschen wie Josef.

Beten: Der für uns gegeißelt worden ist..
Musik

3. Der für uns mit Dornen gekrönt worden ist..

Josef: „ Wenn jemand auf Dank und Anerkennung wartet, wird er nicht weit kommen. Wenn er zufällig einmal einen Dank erhält und ein Lob, ohne daran hängen zu bleiben, dann ist das o.k.“

Dazu passt auch das andere Wort von Josef für die Situationen, wenn die „Krone", also die Aufgaben besonders schwer werden: „Nicht den Mut verlieren!", hat er immer wieder ermutigend gesagt. Und: "Beim Parras hat der Befehl geheißen: Weitermachen!“

Das Wort hat er auch noch letzte Woche an mich gerichtet.: Weitermachen.!.. in den Ämtern und Aufgaben, die uns zugedacht sind zum Heil der Welt und unserem eigenen..

Beten: Der für uns mit Dornen gekrönt worden ist..
Musik.

4. Der für uns das schwere Kreuz getragen hat

Josef hat also 65 Jahre lang das Kreuz des Priesteramtes getragen.
Aber er würde heute sicher sagen: Schwer ist das Kreuz nur dann, wenn man es nicht gern trägt.., wenn man sich eher ziehen läßt von ihm, als dass man es auf sich zu nimmt.

Vielleicht ladet man sich manchmal unnötig viel auf.
Dann paßt ein weiteres Wort von Josef: „Latte nicht ehrgeizig hoch legen..." Das verstärkt er mit einer Geste, indem er die Hand etwa 1 Meter über sich hinauf hält..

Das Bild vom „Soldaten" hat Josef hochgeschätzt als Bild für jemanden, der täglich seine Pflicht erfüllt im Gehorsam - doch ohne ein Kriecher zu sein.
Beten: Der für uns das schwere Kreuz getragen hat..
Musik

5. Der für uns gekreuzigt worden ist..

Ein großes Wort von Josef, das zwar schon ein altes Wort ist, aber von ihm so gesagt wurde, als sei es von ihm selber – und damit ist es auch von ihm selber:

„Alles ist Gnade". Das hat er oft wiederholt.

Die Gnade, die uns am Kreuz erkauft worden ist.

Die Gnade, die uns über unsere gefallene, unerlöste Menschennatur hinaus-wachsen – und -springen läßt.

Die Gnade, um die wir bitten müssen – für uns und für andere und für alle.

Die Gnade, die in unserem Herzen wirken will und in den Umständen.

Die Gnade, für deren Weitergabe Josef als Priester gewirkt hat durch die Sakramente, durch sein Wort und vor allem durch sein Beispiel, das Kreuz seiner Pflichten auf sich zu nehmen.

Beten:..Der für uns gekreuzigt wroden ist...
Musik

Lasset uns beten:

Heiliger Gott, dein Sohn hat für uns die Marter des Kreuzes auf sich genommen, um uns von der Macht des Bösen und des Verderbens zu befreien. Gib, das wir mit ihm – und nach dem Beispiel von Josef – das Kreuz unseres Lebens tragen und so auch mit deinem Sohn verherrlicht werden, der mit dir lebt und herrscht..

Wie es der Brauch ist, wollen wir noch für das Nächststerbende ein Vater unser und ein Gegrüßt seist du.. beten.

Fürbitten von Dr Ewald Bereuter:

Herr Jesus Christus, du hast der Kirche das Priestertum geschenkt, damit du in den Sakramenten bei uns bist bis zum Ende der Welt. Dich, den nahen Gott, bitten wir:

1. Jesus Christus, ewiger Hoherpriester, wir danken dir für das treue Priesterleben unseres verstorbenen Josef - und wir bitten dich: Lass ihn jetzt von Dir her uns allen und besonders den Priestern ein stiller Helfer sein.
2. Wir bitten dich: Segne alle Angehörige von Josef.
Lass ihre Familien Orte der Einheit und der Freude und des gemeinsamen Gebetes sein.
3. Wir bitten dich, ewiger Hoherpriester, berufe in unserer Zeit und hier in unserem Land junge Männer zum Priesteramt und hilf, dass die Priester unseres Landes sich immer neu um den Geist ihrer Berufung sorgen.
4. Wir bitten dich für alle Menschen, die krank sind, die körperlich oder seelisch leiden: Lass sie Helfer finden, die sie treu begleiten und ihnen Hoffnung vermitteln im Glauben an Dich.
5. Wir bitten dich für alle Verstorbenen, besonders für die Eltern von Pfarrer Josef und für seine Brüder Kaspar, Konrad, Anton und Ferdinand: lass sie bei dir geborgen sein.

Resi Wuggenig 2015

Ich habe für Resis' Messe heute das Evangelium gewählt, das wir auch
für Lioba und auch für Hermine gehört haben zum Abschied,
Und das, weil auch für Resi Ähnliches gilt wie für ihre Schwerstern: Alle
drei Frauen aus dem Großen Walsertal haben ihre „Lampen
brennen" lassen, sind immer „wach" gewesen und haben – im Horizont –
zuinnerst in der Seele immer auf die „Rückkehr vom Herrn" gewartet.
Zwillingsschwester Hermine ist am 21.11.2009...gestorben
Lioba/Lia...12.5.2010
Die Eltern sind Hermann und Magdalena Bischof gewesen.
Ein Brüderlein hat es noch gegeben, den Linus, der mit 6 jahre an
Diphterie verstorben ist.

Resi ist also am 20.6.20 geboren in der Parzelle Bucholz von Sonntag. Da
ist der Täta schon ein Jahr wieder von Russland heimgekehrt gewesen.

Vor dem Haus – so hat noch Lia erzählt – sei es so steil hinuntergegangen,
dass Resi als Kleines Kind fast einmal „vertrolat" wär: Wenn nicht Lia und
der Täta sie aufgefangen hätten!

Für die Kindheit von Resi hat sicher das Gleiche gegolten wie für Lia:
Schafwollene Strümpfe. Bossa-Schuah im Winter.
Im Sommer barfuß mit aufgeschlagenen Zehen.
Am Morgen Milchsuppe.
Eine Stunde Schulweg.

1932 ist Däta gestorben.
1940 Mama.
1945 sind Hermine und Lia nach Alberwende gekommen.

Resi ist ihnen nachgekommen und am 18.Mai 1948 hat es da in dieser Kirche eine dreifache Hochzeit gegeben mit Lia und Hermine und Resi.

Dann ist Resi mit ihrem Mann nach Kärnten gezogen.

Sie hat sich dort zur Hilfskrankenschwester ausgebildet und hat viele Jahr in Klagenfurt im Spitalsdienst Dienst getan.

Mit dem Mann hat sie sich im Guten getrennt.

Die Schwiegermutter hat sie noch in Kärnten in ihrer Pflege gehabt.

Resi ist aber ein Leben lang ein „Heimkuh" geblieben :

Drum ist sie nach dem Tod von der Schwiegermutter in eine Eigentumswohnung in Haselstauden gezogen –

und dann um 2000 endgültig zu Lia ins Hinterfeld, nachdem sie die Jahre vorher schon mehr und mehr bei Lia und Arthur gewesen ist.

Ziemlich genau 10 Jahre hat sie dann mit ihrer Schwester Lia gelebt, hat sie betreut und gepflegt:

Lia ist immerhin die um 6 Jahre ältere gewesen..

Die Zwei haben sich gut verstanden.

Aber nur drei Wochen, nachdem Lia mit Oberschenkelhalsbruch ins Spital und ins Altersheim hat müssen, ist auch Resi gefallen: Auch mit Oberschenkelhals – und auch ins Spital und - ins Betreute Wohnen!

So sind es jetzt fünf Jahre „Betreutes Wohnen" geworden – die letzten Wochen noch im Pflegetrakt.

Da hat sie Marlene um sich gehabt und auch Ingrid.

Ich bin sicher, dass Resi voller Dank ist für das Pflegepersonal..

und dass Resi eine angenehme und noble Mitbewohnerin war.

In diesen Jahren habe ich auch immer wieder einmal mit Resi zusammen Mittag essen können an ihrem Kleinen Tischlein
im 2.Stock.

Wir haben uns ausgetauscht über Familien- und Gemeindeleben.

Sie hat gut Bescheid gewusst, wo die Neffen und Nichten sind und die Kinder.

Ich habe noch im Ohr ihr bedächtiges Reden;

ihr frohes Gemüt, ihre ausgeglichene Stimmung,

ihr Zufrieden-sein.

„Was ich nicht ändern kann, das regt mich nicht auf.."

„Selig die Knechte, selig die Mägde, die der Herr wach findet, wenn er kommt..Er wird sich gürten, sie am Tisch Platz nehmen lassen und sie der Reihe nach bedienen."

Ihr habt zurecht gesagt: Resi hat immer gedient..

als Krankenschwester, als Schwiegertochter ihrer Schwiegermutter,

Arthur und Lia...

Resi hat Euch gesagt, sie hätt nie länger Schmerzen gelitten.

So bis zum letzten Tag, wo sie noch ein bischen auf gewesen zum Essen.

Drei Wochen vorher ist sie zum letzten Mal in der Hl Messe gewesen in der Kapelle.

Alle die Jahre ist Resi eine treue Messbesucherin gewesen im Altenheim.

Still und leise ist sie gestorben.

Jetzt ist sie zurück zu Hermine und Lia und...Linus..

und Mama und Däta...Überhaupt zurück um Ursprung.

Zum Schluss darf ich noch einmal die Worte vorlesen, die ich bei Hermines Abschied vorgelesen habe:

„Fürchtet nichts. Vor allem nicht das Sterben.

das ist der Moment des höchsten Vertrauens.

Es ist die Tür die sich öffnet..

ER steht dahinter.."

Monika Metzler 2009

Lieber Josef, liebe Kinder und Familie, Freunde, Nachbarn   und
Gemeinde...
Wenn wir jetzt zum Heimgang von Eurer Mama und Oma
auf ihr Leben schauen, dann ist das Josefs und Eure gemeinsame
Erinnerung, die Ihr für uns zusammengestellt und erzählt habt...

Monika ist am 31.Oktober in Bezau geboren als das Älteste von Drei
Geschwistern.
Die Eltern sind gewesen Josef und Maria Beer.
Josef Beer war Elektromonteur bei der VKW;
die Mutter, geborene Zepp und adoptierte Fetz
ist im ganzen Bregenzerwald bekannt gewesen als Trachtennäherin.

Als Moadle, so erzählt Ihr, hat Monika einmal zwei fertige Juppen-Ärmel
nach Müselbach bringen sollen – mit dem Fahrrad - und man hat ihr
daheim einen Zettel mitgegeben, was sie auf dem Heimweg noch
einkaufen soll mit dem Geld für die Ärmel.
Wie sie dann heimgekommen ist, hätt sie geweint und nichts mitgebracht:
Man hätt in Müselbach zu ihr gesagt, man tät die Ärmel später zahlen..!
Monika hat in Bezau die Hauptschule besucht – die einzige damals im
„Wald" – und ist in die Hauswirtschaftliche Berufsschule nach Andelsbuch.
Danach hat sie einige Jahre bei der Strickerei Bischof in Bezau geschafft
und später als Kellnerein und Küchenhilfe im Gasthaus Engel in Bezau.
Und da haben Josef und Monika einander das erste Mal gesehen.
Nach vier Jahren Freundschaft hat Monika – so schreibt Josef –
„1966 den Landwirt Josef Metzler geheiratet und ist zu ihm nach
Schwarzenberg gezogen".

Josef ist freilich kein reicher Bauer gewesen.

Aber trotz den ärmlichen Verhältnissen hat Monika, hat Mama Euch fünf

Kinder geboren und zusammen mit dem Däta großgezogen:

Bruno 67, Roswitha 68, Erika 72, Lukas 76, Daniel 77.

Martina, das sechste, gehört als Frühgeburt auch dazu.

Dass Monika jetzt ihre eigene Familie gehabt hat, das hat ihr sicher geholfen, das frühe Ableben von ihren zwei Brüdern zu verkraften: Heinrich ist mit 16 im Jahre 62 verunfallt bei der Arbeit als Lehrling; Hugo ist 1967 als 30 ig jähriger an Leukämie gestorben.

Durch die Aufstockung von der Landwirtschaft von Josef ist die ganze Familie 1984 von Schwarzenberg -Maien nach Alberschwende - Greban übersiedelt.

Monika hat all die Mühe und Arbeit mit dem ganzen Neuaufbau tapfer mitgetragen.

Zwei Jahre nach dem Neuen Anfang ist ihr Vater, Josef Beer, bei Holzarbeiten verunglückt.

Die Mama aber, Maria Beer, hat sie noch über mehrere Jahr bis zum Tod 96 auf Greban liebevoll gepflegt.

In den letzten Jahren hat Monika gemeinsam mit Josef und Alberschwender Freunde eine schöne Auflockerung gefunden bei der Jasserrunde: Monika hat die Runde immer vorbildlich organisiert.

Ihr erinnert, dass Mama immer – auch mitten in der Arbeit - Zeit genommen hat, wenn man auf Besuch gekommen ist und aufgetischt..

Sie hat gewusst um den Wert von der Zeit, die man füreinander nimmt.

Und wenn es nicht der Besuch gewesen ist, dann das Telefon:

da hätt es eine halbe Stunde auch sein können.

Das Häß für Josef sei auch noch in den letzten Tagen wie immer extra hergerichtet gewesen: Josef hat gehörig angelegt sein müssen..

Und wenn Josef manchmal einen Leserbrief geschrieben hat : Monika hat Rechtschreibfehler gesehen und korrigiert..

Und was ganz zu ihren Tagwerk im Sommer gehört hat:

Blumen im Garten und bei der Kapelle, die sie am morgen auf- und am Abend zugesperrt hat und mit viel Liebe betreut..

Monika, meine Frau, schreibt Josef, hat viel gebetet und hat sich in der Familienkapelle Trost geholt.

Dann ist Monika von einer schweren Krankheit getroffen worden.

Diese Woche am Montag gegen Mittag ist sie in den Armen von Roswitha und Josef verstorben.

Ich persönlich habe Monika als eine sehr bescheidene Frau gekannt, die nicht eine Spur eitel gewesen ist oder stolz.

Gesehen habe ich sie oft schon in der Früh vor dem Haus

oder im VW-Bus neben Josef hinauf- oder herunterfahren.

und bei den Tauffeiern von den Enkelkinder in der Familienkapelle..

und dann in der Stube ihre Gastfreundschaft.

Es ist schon das Pflegebett für sie da gewesen und ein Rollstuhl bestellt...

„Hinscheiden – das währt nicht lange.

Es bedeutet, die Erdenwelt zu verlassen, um in eine andere einzutreten. Das erst ist die wahre Geburt: Geboren werden zu einem Leben, das niemals mehr enden wird...

Dieses Leben aber ist Er..“

Rudl Fleisch (Gaschurn)

„Und wohin ich gehe, den Weg dorthin kennt ihr.."

Der Weg, den unser Herrgott gegangen ist, den hat auch Rudl gekannt und Rudl hat auch gewusst, wohin der Weg führen soll.

Aber der Weg zum Herrgott fangt schon auf dieser Welt an:
Es ist der Weg, den ‚Jedes' von uns in diesem Leben geht -
mit all dem, was wir selber tun /und tun können – und dem, was uns auf dem Weg begegnet und geschieht.
Rudls Weg hat den Anfang genommen in Götzis.

Ihr, liebe Frieda und Kinder, Ihr habt erzählt:
Es sei eine arme Kindheit gewesen.
Die Mama ist gestorben, das ist Rudl grad Vier Jahr alt gewesen.
Und wie es armen Familien damals öfter machen haben müssen, so auch bei Rudl: Man hat das Kind verstellt – zu Bauern, wo es Essen und Wohnen gegeben hat fürs Mithelfen...

Rudl hat noch eine Schwester von der gemeinsame Mutter und Halbgeschwister von der zweiten Frau vom Vater...

Aber wohl grad durch diese Kindheit und Jugendzeit hat Rudl die Stärke und Eigenständigkeit erworben, die wir alle an ihm dann kennen gelernt haben und zwar bald einmal kennen gelernt, wo nämlich der „Fleisch Rudl" als Fahrer für die Spedition „Alpenland" Land auf Land ab bekannt geworden ist: Das nicht nur, weil er mit so viel Leuten zu tun gehabt hat; sondern weil es eben der „Rudl" gewesen ist mit seinem „Mulwerk" – und weil er damals schon gefahren ist as wia..!

Zu seiner Kundschaft hat dann freilich auch der „Zäres" gehört:

1964? haben Frieda und Rudl geheiratet und 65 sind Rudi und Bettina auf die Welt gekommen...und Hannes?!

So muss man sagen: Rudl ist durch und durch ein „Fahrer" gewesen und ein Organisierer.

Und: Ein Tag nach der Hochzeit, so erinnert sich Frieda, hat Rudl seinen ersten LKW abgeholt!

Das Gewerbe hat er damals über – Gott habe ihn selig -

Willi Bereuter bekommen, mit dem er ja dann ein Leben lang freundschaftlich verbunden gewesen ist.

Im Jahr 65 habt Ihr die „Pension" eröffnet.

Und weil es in diesen Jahren mit dem Fremdenverkehrt fast senkrecht aufwärts gegangen ist und gleichfalls in diesen Jahren „Kops 1" und „Garnera" im Bau gekommen sind, ist das Geschäft auf beiden Seiten mächtig gewachsen.

Rudl hat aufhören müssen mit Kochen in der Pension: Der Fuhrpark hat zugenommen - über dreißig Fahrzeuge mit LKW und Baufahr-zeugen und wo dann noch Fernlastzüge unter dem Namen „FleiGa" dazu gekommen sind, hat man rund das Doppelte in Betrieb gehabt mit mehr als 50 Fahrer!

Wachter Seppl ist als der Dienstälteste und als treue Seel praktisch von Anfang an dabei gewesen – und ist auch heute unter uns.

Ihr erzählt, dass er noch 20 Jahre später einem Fahrer ganz genau hat sagen können, wie er auf Athen zufahren muss, dass er da und da hin kommt.

Heute ist Europa das große Thema: Rudl hat Europa – zumindest als Fahrer – gekannt - von Griechenland bis Norwegen und Schottland hinauf, von Portugal bis hinein auf Russland.

Urlaub? Ein Mal ist Rudl tatsächlich eine Woche nach New York.
Und wenn sie dann zu Zweit öfter auch in Frankreich der Atlantikküste entlang gefahren seien, dann hätt Rudl sagen können:
„Komm, go mr go Schwimma ids Meer!"

Apropos Schwimmen: Rudl sei damals grad um die 18 gewesen, wo er einmal als Lebensretter in der Zeitung gestanden ist: Er hat einen Engländer aus dem Bodensee geholt, der am Ertrinken gewesen sei....
Etwas freilich dürfen wir und können wir nicht übersehen:
Rudl ist stark engagiert gewesen in der Gemeindepolitik. Das läßt uns noch einmal zurück denken an die Männer, die da eine große Rolle gespielt haben: Die Älteren unter uns erinnern sich noch ganz lebendig.

Dann - vor zwanzig Jahren - hat Rudl anfangen müssen mit Insulin-Spritzen: Und seit vier Jahren hat er anfangen müssen, Abschied nehmen von einem normalen Leben.
Immer öfter hat er auf Bludenz gefahren werden müssen zur Dialyse. Die letzte Zeit jeden zweiten Tag: ein halben Tag lang Blutwäsche.
Sohlers Fritz ist mit ihm gefahren: Rudl und Familie sagen Danke.
Und danke auch dem Dr Mayer.
Na, Jammern hat es nicht gegeben.
Aber wenns' ein bischen gegangen ist, Einkaufen fahren in Spar –
und das mehr wegen dem „Unter-den-Leuten-sein" als wegen dem Einkaufen. Und wenn schon Einkaufen, dann hat immer etwas dabei sein müssen, was Frieda eine kleine Freude macht.

Und da muss ich – gegen Euren Willen - einfach noch etwas verraten:
Manchmal seid Ihr in der letzten Zeit auch noch in die Schweiz gefahren und da hät Rudl dann auf dem Heimweg zu Frieda sagen können: „Hüt bist wieder schön gsi!"

Was Rudl in den letzten Jahr noch besonders genießen hat können:
Schon in der Früh um Fünf in dem Erker vom Haus droben sitzen – und
schauen, wie der Tag und die Sonne aufgehen – dankbar für den schönen
Platz – und nebenbei die Zeitung lesen..

Von Dienstag auf Mittwoch letzte Woche – wo eigentlich niemand dran
denkt hat – ist Rudl nach der letzten Dialyse „grad wia an Bom" umgfalla".
Das ist Rudl ja auch gewesen: Ein starker Baum, der aber auch einmal
sterben muss...

Und dazu darf/muss ich noch etwas verraten:
Du, Frieda bist ganz sicher, dass Dein vieles Reda mit dem Herrgott erhört
worden ist.
Rudl hat Schweres ausgehalten. Es hat dem Herrgott glangat.

Er: „Fürchtet nichts, selbst nicht den Tod.
Vor allem nicht beim Sterben. das ist der Moment des höchsten
Vertrauens.
Das ist die allgemeine Gutmachung des Lebens.
Es ist die Türe, die sich öffnet.
Ich steh dahinter..."

Ferdinand Natter 2008 (Winsau)

„.Ich gehe, um einen Platz für euch vorzubereiten....und wenn ich einen Platz für Euch vorbereitet habe, komme ich wieder und werde euch zu mir holen...", sagt Jesus.

Der „Platz", der für Ferdinand da auf der Erde bestimmt gewesen ist, das ist also Winsau gewesen - und da hat sein Leben auch angefangen am 3.10.1927.

Aber gleich nach seiner Geburt ist die Mutter Anna, geb Hopfner, gestorben: so ist F. als Halbweise aufgewachsen
Sein Vater - Ludwig (so erzählt Ihr) hat für damalige Verhältnisse eine größere Landwirtschaft gehabt – mit bis zu 10 Kühen..

1944 wird Ferdinand einberufen in den Krieg.
Als 27 iger gehört er zu den jüngsten..
Er wird nach nach Jugoslawien befohlen, nach Montenegro.
und kommt am Ende vom Krieg zusammen mit andern Alberschwendern (Taubenwirts Seppl) in eine sehr schlimme, brutale Gefangenschaft.
Als Spätheimkehrer ist er heimgekommen.

Anfang der fünfziger Jahre hat Ferdinand angefangen, das Haus umzubauen: Es ist ein großes Werk, das er da auf die Füße gestellt
dass er das damals noch kleine Haus um- und ausgebaut hat zu einem großen, stattlichen Bauernhaus.

1956 hat er geheiratet mit Anna in der Basilika in Rankweil, wie es damals der Brauch war.

Vor zwei Jahren habt Ihr den Eltern die Goldene Hochzeit organisiert..

Sieben Kinder sind da:

Melitta, Edwin, Wilfried, Gerhard, Sybille, Bernhard, Monika..

Wilfried ist mit 16 verunglückt mit dem Moped auf der Fahrt zwischen Alberschwende und Winsau. (bei Paul Huber gearbeitet).

Diesen Verlust von Wilfried habe Ferdinand nie ganz überwunden. Jetzt, sagt Ihr, ist er wieder mit ihm vereint.

Zur Kindheit und zum Aufwachsen sagt Ihr:

„... es hat uns nicht geschadet, dass wir in den Schuljahren ein sparsames Leben gehabt haben: Damals haben auch noch Pflegekinder zur Familie gehört. (Ihr erinnert euch an den Kakao, den Mama am Morgen zwischen der Stallarbeit auf den Tisch gestellt hat.)

Dann sind die Jahre und Jahrzehnte gewesen, wo ein Tag wie der andere..,

wo eine Woche wie die andere vergeht,

wie es im tägliche Leben von einer Bauernschaft zugeht.

- bis die Pension gekommen ist.

Was hat Ferdinand besonders geschätzt ?

Die Natur hat er geliebt.

Und ein Traum von ihm sei gewesen, Pferde zu haben:

In den Kriegsmonaten hat er mit Rossen zu tun gehabt.

Es ist beim Traum geblieben.

Ob der Traum jetzt in einem „himmlischen" Sinn Erfüllung gefunden hat?

Vereins-Mensch ist Ferdinand keiner gewesen.

Blasmusik hat er von Herzen gerne gehört.

Vor zwei Jahren ist Ferdinand – in der Karwoche – vom Pfarrer schon einmal „versehen" worden. Er war sterbenskrank.

Aber er ist noch einmal aufgekommen.

Ihr sagt: Er ist ja überhaupt ein Steh-auf-Männlein" gewesen..

Am vergangenen Samstag aber hat es kein Aufstehen mehr gegeben: Später am Vormittag, grad noch mit seinem Sohn vorm Haus draußen geredet, ist er in der Stube zusammengebrochen – Herzversagen.

Am Pfingstsonntag ist er noch bei der heiligen Messe in Haselstauden gewesen und hat die Heilige Kommunion empfangen.

Ihr sagt : „Er ist uns ein guter Vater gewesen, eine gutmütiger Vater, der uns alle gleich behandelt hat – in seiner einfachen Art uns beigebracht hat, was gut ist und was nicht. Er hat uns nie geschlagen. Humor hat er gehabt - und er hat vor allem den Frieden gesucht und gestiftet ...".

In der Stube, wo er dann noch gelegen ist, haben wir daran gedacht, dass er vom Herrgott gerufen worden ist - in die letzte Heimat.

Er hat seine Sendung da auf der Erde erfüllt.

Er ist seinem Herrgott ein treuer Diener gewesen.

Es kommt alles darauf an, das man seine Sendung, seine Lebensaufgaben bestmöglich erfüllt und dass man Kräfte und Zeit nicht vergeudet.

Es kommt darauf an, dass man nicht für sich selber lebt und nur für den eigenen Vorteil: Man wird glücklich und zufrieden, wenn an für das gemeinsame Leben da ist und so für den Herrgott.

Er: Und es kommt darauf an, dass man täglich an sich selber arbeitet und so die Fehler überwindet.

Der Tod, heißt es, ist die letzte Korrektur, die große Wiedergutmachung...

Hans Nagel   2010 (Großkusine Christines' Mann)

Weisheit 11,23ff

Joh 14,1-4

„Im Haus meines Vaters gibt es viele Wohnungen..

so viele verschiedene Wohnungen wie Ihr verschieden, ja letztlich unvergleichlich seid!"

In diesem Sinn schauen wir heute auf Hans: Zurück und zugleich ihm nach – in die andere Welt, in das Haus des Vaters..., das alles umfasst...

Die Rede vom „Haus" läßt uns aber heute auch zurückdenken ans Elternhaus von Hans.

An das Haus, in dem Hans sein Leben lang daheim war.

Ende der achtziger Jahre hat er es saniert –auch mit der Hilfe von Heinz und Rainer.

Ein Kommentar von Hans zum Haus : „Innen Hui –außen Pfui..."

 Aber, so Euer Lob: Hans hat das Haus gut genützt:

Er hat gerne gewirtet mit gutem Essen und gutem Trinken.

 „Es war ein gastfreundliches Haus..", sagt Rainer.

In den späteren Jahren sind die Abende dann beschaulicher geworden.

Ihr wißt, dass er auf die Pension hin Sanierungspläne gehabt hat für Außen...Es hat sie nicht mehr verwirklichen können.

Was sehr zu seiner Vorliebe für schöne Dingen gehört hat,

das war die klassische Musik und da die Italienische Oper

und da als Spitze eine Arie aus einer Puccini-Oper..

Darum auch „Pavarotti" vorher...

Und Ihr, Christine und Hannelore, seid durch Hans und mit ihm
in den Genuss so mancher Opernpremiere am See gekommen.
„Ich gehe um einen Platz für euch vorzubereiten..

Dazu habe ich denken müssen an das, was Ihr erzählt habt von dem Platz,
den er mit seiner Arbeit in dieser Welt gehabt hat.
Gelernt hat er ja Buchdrucker. So hat es auch mit seinem Beruf zu tun
gehabt, dass er an die dreißig Jahre unterwegs war als Vertreter für die
Druckerei Pfanner in Tirol und da vor allem in Innsbruck.

Ihr sagt: Wenn man Hans in Innsbruck finden hätte wollen,
dann sicher in einem von den fünf, sechs Stammcafes.

Rainer weiß: Im Central oder im Adi, wo Hans den „kleinen oder große
Braunen" bestellt hat..den „Verlängerten"..und diese
Cafehausatmosphäre genießen hat können..auch eine Stunde lang
alleine.

Oft ist Hans mit Dir, Rainer, nach Innsbruck gefahren..
und Ihr habt euch dort regelmäßig getroffen...:

Für Dich, Rainer, war Hans, wie Du sagst, ein richtiger, großzügiger Göti.
Du erinnerst Dich an Reisen, die er mit Euch gemacht hat –
nach Mainau.…
Einmal nach Innsbruck mit dem Ford Scorpio,
mit Gasthaus und Alpenzoo und Eisdiele.

Bekannt war Hans auch in der „Piano Bar", erzählt Rainer,
wo im Stock drüber die Paul Flora Galerie betrieben wird.

An einem Abend, man sei an der Theke gestanden, ist irgendwie bekannt geworden, dass Hans Geburtstag hat; da sei der Sohn Thomas Flora mit einer kleinen Zeichnung von seinem Vater herunterkommen: Das Geschenk hängt heute noch in der Küche..

Einen großen „Stein in seinem Brett" haben aber auch Carina und Patrick gehabt: Ihr erinnert Euch an manche Weihnachtsfeier, wo der Opa die größte Freude gehabt hätt, wenn er für Euch etwas vom Zauber von Weihnachten arrangieren hat können..
Dazu hätt er dann von der Stube in die Küche einen unsichtbaren Silch montiert und wenn es so weit war und alles am Küchentisch gesessen ist, hätte in der Stube das Glöcklein geschellt, weil Opa heimlich an dem Silch gezogen hat.

Hans war beruflich viel unterwegs. Dazu erinnert Ihr, dass er leidenschaftlich Auto gefahren ist und sich schöne Autos geleistet hat; ja, dass er Autorennen mitgefahren ist!

....und dass er damals in dem Winter, wo der Bodensee zugefroren war, mit seinem Auto übern See nach Lindau gefahren ist.
Später hat er sich ein Boot für den See leisten können.

Die Trennung von der Firma Pfanner hätte ihn zum Rückzug veranlasst...und wohl auch der Wunsch des Alters nach einem einfacheren, ruhigeren Leben.

„Ich komme wieder und werde euch zu mir holen, damit auch ihr dort seid, wo ich bin.

Vor zwei Jahren – Weihnachten 2008 - ist er von einer ärztlichen Untersuchung gekommen: „Ich bin ein bisschen verkrebsat..“

Darauf eineinhalb Jahre Chemotherapie.

Hans hat da viel mitgemacht.

Die Chemos haben die Haut geschält von den Händen und den Mund wund gemacht und den Geschmacksinn absterben lassen..

..Hans, der so gern gut gegessen hat!

Er war nur noch Haut und Knochen, ist müder und müder geworden.

Aber wenn man gefragt hat: „...Es geht mir gut...Nur die Füße tun nicht recht mit...“

Ihr sagt: Hans hat nicht geklagt, nicht gejammert....

„... diese Härte gegen sich selbst hat ihn das Leben gelehrt..“, war Dein Gedanke, Rainer.

Nach sehr schwierigen Nächten hast Du, Christine, den Hausarzt um Hilfe gerufen. Montag Spital. In den Nächten war Christine bei ihm, tagsüber Christoph.

„Was tät ich ohne dich...Christine..“.

Dann, wo er nicht mehr Reden hat können, zwei große Gesten für Dich, Christine: Mit dem rauen Fingerrücken Deine Wangen gestreichelt und ein Kussmund. Dann das große Trostwort von Dir über die gemeinsamen Jahre.

Dann : Montag 6 Uhr früh.

Du wolltest grad ein Tüchlein holen zum Mund befeuchten.

Da war Hans gegangen.

Ein Arzt nachher: „Er war ein tapferer Kerl..“.

Und wir: Er hat es gut gemacht. Seine Letzte Prüfung.

„Und wenn ich einen Platz für euch vorbereitet habe, komme ich

wieder und wird euch zu mir holen,

damit auch ihr dort seid, wo ich bin.."

Das Sterben ist unendlich mehr als das, was wir von Außen sehen..

„Ich werde euch zu mir holen.."

Er: Ihr sollt den Tod nicht fürchten, ihn vor allem nicht.

Tod ist wahre Geburt, ist Wiedergutmachung,

Letzte Korrektur, Türe, die sich öffnet. Weg zum Leben...

Es ist die Fahrt des Schiffleins hinaus aufs unendliche Meer.

Für uns noch Irdische verschwindet es am Horizont.

Aber wir wissen:

Für die Anderen drüben taucht es am selben Horizont auf.....

Walter Freuis 2009

Walter ist als 32 iger das älteste von den drei Geschwistern.

Johann Georg und Katharina..geb.??! sind die Eltern gewesen.

Viele unter Euch haben ja ds „Hansele" noch gekannt:

Bürgermeister in den 50iger und sechziger Jahren.

Als kleines Kind ist Walter an Kinderlähmung erkrankt.

Von da her ist er behindert gewesen am linken Arm.

Schulzeit für ihn von 38 bis 46, also grad in den Kriegsjahren.

Und dann ist Walter zeitlebens Bauer gewesen in Nannen.

„Nannen" ist seine Heimat gewesen und da hat er- wie es für einen Bauern

gehört, im gleichen Takt tagaus und tagein, jahraus jahrein sein Leben

geführt.

Vielleicht darf man wirklich sagen: Walter hat ein besonders (ein

ausnahms-) gleichmäßiges Leben geführt, freilich immer zusammen mit

Marile.

Nach dem „Heimgang" von den Eltern hat Walter zusammen mit Marile

die Bauernschaft geführt, nachdem ja der Bruder Martin hinausgezogen

war nach Winsau.

Und so manche Nachbarschaftskinder erinnern sich heute, wie sie

jahrlang mit Freuden bei Walter und Maria „mit-Bauern" haben dürfen..-

und auch schon mit-Fernsehen!

Was mit der Familie auch Ihr alle wißt : Walter sei, so sagt Ihr, bei all

seinen Arbeiten ein sehr gewissenhafter und genauer Schaffer gewesen:

mit dem Vieh und auch bei den Maschinen.

Er: „Du brauchst nicht mehr zu tun; aber was du tust, mit Liebe.." Danach hat Walter gelebt.

Die Liebe hat sich gezeigt auch in seinem handwerklichen Geschick. Vielleicht grad wegen seiner behinderten Hand.

Dazu muss erinnert werden, dass Walter immer schon ein Erfinder gewesen ist: Immer hätt er überlegt, wie man eine Arbeit einfacher machen könnt und mit mehr „Vorteil".

So hat er sich für das Buschla eine Vorrichtung konstruiert, wo es ohne Hacken, nur mit Schneiden gegangen ist.

Ein anderes Beispiel für sein Erfinder-Talent und zugleich für seine Geduld : Wo er die letzten Monate die Hemdknöpfe nicht mehr zu machen hat können und er nicht immer um Hilfe rufen hat wollen, hat er mit einem dünnen Draht ein Schlaufe gemacht, mit der er die Knöpfe ins Knopfloch gezogen hat.

Viele Jahre ist Walter als „Schätzer" in den Stall gekommen für den örtlichen Viehversicherungsverein: Zwei Mal im Jahr zum schauen, was sich verändert hat, was angepasst hat werden müssen.

Und etliche Jahre ist Walter auch Obmann gewesen für den „Nanner Weg".

Liebend gern hätt er Ausflüge gemacht mit den Jahrgänger, mit den Nachbarn, mit der Schwester. Er ist ja auch schon lange Autofahrer...

Was natürlich auch zu einem Leben von einem Bauer gehört und so auch zum Leben von Walter: Die Besuche auf der Alp und die Viehausstellungen. Bei der letzten hat er nicht mehr dabei sein können.

Walter ist zusammen mit Marile ein treuer Besucher von der
Sonntagsmesse gewesen. Damit hat er zum Kern der Gemeinde gehört.
Und hat so teilgenommen am Dorfgeschehen; hat gewusst, was los ist.
Und wo er auch – zusammen mit Marile – zu einem Kern gehört hat:
Beim Rosenkranz am Sonntag Nachmittag im Merbodkapelle bei
Maldoners Toni..
Ihr sagt, dass er gerne mitgefeiert hat bei den Familienfeiern mit den
Nichten und Neffen – und bei den Geburtstagsfeiern mit den Kusinen.
Und einmal - so erinnert Ihr - hat er eine größere Reise nach Kärnten
unternommen: Zu Käthe, die einmal Magd bei ihnen war.

Was allerdings auch zu Walters Lebensweg gehört, das sind an die 10
Operationen! Die Hüfte zwei Mal; das Knie; die Bandscheiben...
„Gut, das man nicht weiß, was alles kommt..." hat er im Sommer einmal
gesagt.

Dann ist – vor einem Jahr - die schwere Krankheit in Walters Leben
gekommen: Der Anfang, sozusagen „der Eintritt" in die Krankheit sei am
schwersten gewesen für ihn:
Diagnose Schwarzer Hautkrebs.
Bis Mai hat ihn Marile noch begleiten können und helfen;
da haben sie dann die Rolle gewechselt: Marile ist in Stall gegangen und
Walter hat gekocht, was er auch schon lang können hat.
Und noch einmal hat er etliche Mal hinauf gehen können auf seinen „Berg".
Dann hat er zu Herta und Martin hinaus können.

Seine letzten Besuche im Dorf sind gewesen, wo bei dem Käseklatsch die
großen Alpen vorgestellt worden sind von Georg.

Der letzte Besuch im Dorf ist gewesen am 15.Sept. beim Abschluss vom
Alpabtrieb auf dem Kirchplatz.
Da hat man Walter noch einmal gesehen - und er Alberschwende.

Seine allerletzte Fahrt durchs Dorf – Ende September – mit Herta –
hat auch noch einmal den Bauern gegolten:
Walter ist mit Herta für den Viehzuchtverein unterwegs gewesen.

Übrigens: Im August hat er noch sein Auto vorführen lassen mit der
Hoffnung, dass es noch einmal aufwärts geht – irdisch gesehen.

Dann ist die Krankheit von Woche zu Woche gewachsen am Arm und -
das Bein ist in den letzten Monaten aufgesprungen –
und die Wunden sind immer tiefer geworden - und die Schmerzen :
Walter hätt die Schmerztabletten nur mit Zögern genommen,
nur wenn es nicht mehr gegangen ist.

Ich glaube, er hat den Herrgott nachahmen wollen – ein bischen
wenigstens.

Dazu ist das große Wort von Walter gewesen:
„...Man nimmt es an, wie es kommt...“ und hat damit sagen wollen:
„... ich will es annehmen - als Prüfung aus Seiner Hand...“

**„Wie Gold im Schmelzofen hat er sie geprüft und fand sie Seiner
würdig und hat sie angenommen als vollgütiges Opfer...“**

Ein alter Alberschwender hat gestern noch gesagt:
„...ganz ein „Guatmoanige“ ist Walter gewesen und ein Dienstbarer..!“
So hat er auch gelitten und so ist er gestorben.

„..betrachte die Seele, die lebt, um mir Beweise der Liebe und der Ehre zu schenken. Sie hat sich völlig aufgegeben, indem sie sich meinem Dienst weihte. Wie groß wird ihre Freude und ihr Staunen sein, wenn sie ihr Leben hier abgeschlossen hat..."

Für uns aber wird gesagt:

„...wie kurz ist das Leben auf der Erde..

Alles wird auf halbem Weg stehen bleiben..

Fühlst du nicht, dass deine wahre Heimat anderswo ist?

Warum sich verspäten und hier unten hängen bleiben..?

Es wird morgen sein, das andere Leben.."

Guntram Geuze 2008

Wir haben es gestern beim Rosenkranz schon gehört und wir werden es in der Stunde noch deutlicher hören:

so ruhig Guntram auch als Person gewesen ist: so hat er auf besondere Weise seine vielen Talente verwaltet, hat mit seinen Talenten geschafft und sie eingebracht für die Familie und für die Gemeinde.

Etwas von diesen Talenten hat Guntram wohl auch von seinen Eltern: Peter und Laura.

Als das zweitjüngste von Fünf Kinder ist Guntram am 13.August 29 auf die Welt gekommen.

Armin, Emma, Berta, Guntram, Lydia.

Aus seiner Schulzeit und Bubenzeit habt Ihr erinnert, dass er in den „Sömmer" als Milchmesser – allein - von Alp zu Alp gegangen ist.

Nach der Schule – 1945 - hat Guntram die Bäckerlehre gemacht, in Bregenz.

„..dass ich immer etwas zum Essen habe.." hat er einmal erzählt.

Zu Guntrams Berufsleben wird   Raimund Dür, Obmann von der Handwerkszunft, ein Nachruf halten.

Soviel sei da noch gesagt: 1957 hat sich Guntram selbständig gemacht - mit der Bäckerei „Pfanner" in Feldkirch.

1956 – ein Jahr vorher – haben Marianne und Guntram geheiratet und eine Familie gegründet: Drei Töchter sind auf die Welt gekommen: Dagmar, Astrid, Marlies.

Von 1959 bis 91 ist Guntram als Bäcker in Alberschwende. Wer eine Ahnung vom Bäckerberuf hat, der kann sich auch vorstellen (ein bischen), dass Guntram viel geschafft hat. In der Backstube und beim Brotverfahren.

Und trotz dem strengen Beruf hat er nebenher noch soviel getan.

Davon dürfen wir heute noch ein letztes Mal ein bischen reden:

Zuerst müssen wir sagen, was die Töchter erzählen :

Papa ist mit uns Kinder so oft unterwegs gewesen; hat Ausflüge mit uns unternommen – mit dem Auto, das er ja schon früh gehabt hat: Ihr erinnert euch noch an den noblen Citroen… in dem man dann auch bis ins Südtirol gereist ist.

Als Mitglied vom Alpenverein ist Guntram viel in die Berge gegangen. Er hat die Stille geliebt und das Geheimnis, das in der Natur und besonders in den Bergen offenbar ist.

Manchmal habe ich in den letzten Jahren sein Auto am Morgen früh auf Greban stehen gesehen.

Beim Schiclub ist Guntram Mitglied gewesen. Dazu gehört, dass er ein begeisterter Schifahrer war. Er ist auch Rennen mitgefahren.

An der Stelle sei auch erinnert, dass Guntram Gründungsmitglied vom Schilift gewesen ist und etliche Zeit Geschäftsführer.

Töchter erzählen, dass er sie das Schwimmen gelehrt hat – ziemlich direkt -, weil er selber ein Schwimmer gewesen ist.

Für einen Alberschwender von seiner Generation noch nicht selbstverständlich.

Und Ihr habt erinnert: Papa ist ein Tänzer gewesen
und hat auch da ganz zu Mama „Marianne" gepasst..
Und - es ist kaum zu glauben - Guntram hat auch einen Piloten-Schein
gemacht bis zur ersten Prüfung.

Mit Leidenschaft hat er sich selber das Zieharmonika-spielen beigebracht
und natürlich werden wir ein Nachruf hören vom Liedermännerchor...

Einen weiteren Nachruf werden wir hören vom Bürgermeister über 20
jahre Gemeindeverteter, 10 davon als Gemeinderat.

Und vom „Schnitzen". Das Schnitzen besser zu lernen ist er sogar einmal
bei einem Schnitzerkurs in Elbigenalp gewesen, der bekannten
Schnitzerschule.
Eine beträchtliche Zahl von Kreuzen mit dem Herrgott hat er geschnitzt -
und Darstellungen von der Gottesmutter mit Kind - und von Krippen.

Vor 8 Jahren hat Guntram ein schwere Nierenoperation überstanden. Er
ist von da an nicht mehr gesund gewesen.
Später ist noch ein Schlägle dazugekommen.

So hat ihm der Herrgott den Abschied eingeläutet.
Aber, sagt Ihr: Guntram hat nicht krank sein wollen.
Er hat Euch nicht befassen wollen mit seiner Krankheit, mit seiner
Schwäche....Sich selber auch nicht. Drum auch kein Jammern und kein
Klagen.
„Gut geht es mir.."

Vor allem: Der Familie soll es gut gehen.

Für die Familie hat er sein Leben lang geschafft...

Und ein oberstes Gebot sei ihm gewesen: Persönliche Probleme nicht in die Familie hineinziehen... Und es nicht so weit kommen lassen, dass man Worte sagen tät, die man dann bedauern müsste..

Papa hat uns ein schönes Leben möglich gemacht..

wir haben viel lernen können.. durch ihn - und mit ihm.-..

Papa hat uns viel von seiner Lebesnfreude mitgegeben..und von den Quelle für die Freude.

Beim letzten Fronleichnam hat Guntram noch vorgehabt, mit umzugehen: so wie all Jahre am Donnerstag und am Sonntag.

Aber an diesen Tagen ist er schon im Spital gewesen. Die letzten Wochen von seinem Leben, die meiste Zeit davon im Tiefschlaf.

Da ist Guntram gerufen gewesen, den „Christus" mit seinem eigenen Kreuz, mit seinem Sterben darzustellen.

Er: „Ihr habt zwei Leben: das äußere und das innere Leben.

Das innere allein zählt: Es ist euer unmittelbarer Aufblick zu eurem Gott. Und wenn ihr euch dem Tod nähert, wird das äußere Leben allmählich zu nichts, während das andere Leben sich verdichtet, da es sein Ziel berührt..."

Franzi Strobl (Malerin)

..liebe Familie..

am kommenden Sonntag ist dieses Evanglium gemäß der Leseordnung an der Reihe. Wie ich das gesehen habe - Anfang der Woche, - da war ich mir sicher: Das ist das Evangelium für

Frau Strobl! gehört sie doch auf besondere Weise zu denen, die **„Salz für diese Erde"** geworden sind!

Und es ist das Evangelium für diese Stunde, weil es uns geradezu   einlädt, von ihr, der Verstorbnenen, zu reden, - wenn es da heißt:

„..so soll euer Licht vor den Menschen leuchten, damit sie eure guten Werke sehen.."

Das darf ich – etwas ausführlich - für uns tun:

Das Salz und das Licht, das Frau Strobl war und ist, noch einmal   erinnern im Namen der Familie und im Namen von Pfarrer Trong.

Als Pfarrer von Alberschwende habe ich Frau Strobl in den letzten Jahren im Altersheim in Alberschwende ein wenig kennengelernt.

Das meiste von diesen Erinnerungen kommt freilich von Ihnen, liebe Familie.

Frau Strobl war eine „Steirerin": In der Nähe von Leoben, in St.Peter Freienstein ist sie aufgewachsen als die vierte und jüngste Tochter der Bauersfamilie Purgstaller.

Noch vor ihrer Geburt – sie ist am 17.1. 1915 geboren und Ihr habt mit ihr noch den 90iger ein wenig feiern können, - noch vor ihrer Geburt also ist ihr Vater als Soldat im 1.Weltkrieg gefallen.

Mama und Großmama hätten zwar noch versucht, den Hof zu halten: vergeblich…

Und da – in dieser schwierigsten Situation tritt in den Lebenslauf der kleinen Franzi eine erste entscheidende, wir können ruhig sagen - „Gnade" ein!

Eine kinderlose Gräfin aus Wien, die in der Nachbarschaft von den „Purgstallers" ein Anwesen besaß, ist aufmerksam geworden auf die kleine Franzi - und hat sie in ihre Obhut genommen!

 Ihr, liebe Familie, beschreibt das so:

„Fortan lebte Franzi in einer ganz neuen Welt. „Am Graben" in Wien war ihr neues Zuhause. Ins Gymnasium ist sie gegangen. An nichts hat es ihr gemangelt, im Gegenteil: Sie hat euch erzählt von der noblen Gesellschaft, in die das Bauernmädchen da hinein-gewachsen ist; von den Reisen mit ihrer Ziehmutter Zimsi,- und wie sie bekannt geworden ist mit Kunst und Kultur.

Sie hat euch erzählt davon, wie sie mit dem vielen Taschengeld manchem russischen Gefangenen helfen konnte und später so mancher armen Studienkollegin.

Einmal sei sie – wir sind jetzt in der Besatzungszeit – von Russen festgenommen worden: Da habe eine russische Frau in ihr die Helferin wiedererkannt - und die „Franzi" war frei..

Vor allem aber : Dass sie von der „Zimsi" eingeführt worden ist in die Welt der Kunst, das hat zum einen ihr großes Talent zum Malen herausgerufen - und: Es haben sich für sie die Türen geöffnet zum Studium der Malerei an der „Akademie der Bildenden Künste".

Was die meisten unter Ihnen wissen: Hier an der Akademie hat sie ihren künftigen Mann, Euren Vater, Hans Strobl, kennen - und lieben gelernt.

Aber was vermutlich nicht so viele wissen: Dass die „ Franzi" von ihrer Ziehmutter vor eine entscheidende Wahl gestellt worden ist:

„Entweder den „Strobl" - oder meine großen Pläne mit dir…!"

Franzi hat sich für die Freiheit und für die Liebe, also für den „Strobl" (aus der Provinz) entschieden.

1945 haben sie geheiratet – auf Schloss Freienstein in der Gemeinde ihrer Familie - und sind in die Heimat von Hans Strobl gezogen: Wieder eine völlig neue Welt für Franzi: Die Steirerin und Wienerin nach Bezau im Bregenzerwald!

Zwei Anektoden aus dem Bezauer Leben: … wie die junge „Strobl" da des öfteren auf der Wiese den Löwenzahn gesammelt hat - nämlich für Salat- (was den Bezauern nicht bekannt war) - da hätten Bezauer gedacht: Was sind das für arme junge Leute..!

Einige Zeit später - bei einer Tombola - sei der erste Preis aber schon ein Bild von dem „Strobl" gewesen - der zweite Preis ein Paar Kästle-Schi: Der Gewinner des ersten Preises habe später sehr bereut, dass er damals das Strobl- Bild gegen die Kästle Schi umgetauscht hat...

1947 ist die Tochter Eva-Maria zur Welt gekommen.

Das war noch in Bezau.

1954 ist die Familie dann nach Schwarzach gezogen.

Am „Land" draußen waren die Bedingugen für Künstler die besseren.

Und : Sohn Veit ist dazugekommen.

Die folgenden Jahre waren voll von intensivem Malen.

Wobei da Frau Strobl als Mama von den zwei Kindern in künstlerischer Hinsicht zurück getreten war und so ihrem Mann möglich gemacht hat, sich ganz seiner Arbeit zu widmen.

„Erfolg und Anerkennung haben nicht lange auf sich warten lassen" schreibt die Familie.

„Das Künstler-Ehepaar Strobl ist in der Region zu einem Begriff geworden. Frau Strobl durch ihre Kinderporträts und vor allem mit ihren Blumenstilleben."
Zu den Kinderporträts habt Ihr erinnert, dass sie immer direkt vom lebendigen Modell her gezeichnte und gemalt hätte, was für Kinder und Malerin größere Geduldsproben bedeutet hat.

Und Ihr habt erinnert, dass ihre Liebe zum „Kind", ihr Angezogen-sein von den Gesichtern der Kinder wohl auch zu tun hatte damit, dass sie in ihrer Studienzeit – sicherheitshalber - noch eine Ausbildung zur Kindergärterin absolviert hatte.

Privat wurde das Glück der Familie aber bald durch die schwere Erkrankung ihrer Tochter Eva sehr getrübt.
Und 1974 ist ihr Mann Hans Strobl völlig unerwartet an einem Hirnschlag verstorben.
Eva lebt seit 14 Jahren im Pflegeheim Hohenems. Bis dahin ist sie all die Jahre von der Familie gepflegt worden.
Aber – so habt Ihr es erlebt und jetzt auch gesagt:
Mama ist unter all den Schlägen und Lasten immer die frohe,
ja fröhliche - und auch „resolute" Franzi geblieben!

Wenn Ihr, liebe Familie, noch einmal insgesamt auf ihr Leben schaut :
Reisen war eine ihrer großen Leidenschaften.
Da waren Aufenthalte in Amerika und Kanada, in Afrika, in China und in Japan – und natürlich überall in Europa.
Von ihrem Garten habt Ihr berichtet und ihrer Faszination vor der Schönheit der Blumen : Immer wieder habe sie ihre Enkelin Chiara aufmerksam gemacht auf dieses Geheimnis (Wunder),
das sie mit ihren Blumenbildern sozusagen „gepriesen" und „erhöht" hat...

Haustiere, in der Hauptsache Dackel - haben das Strobl-Haus gesichert und erfreut. Und die alte Hauskatze von Frau Strobl, die nach ihrer gewaltsamen Ausbürgerung nach Dornbirn innerhalb von 10 Tagen wieder nach Schwarzach gefunden hatte!

Auf keinen Fall darf man übersehen ihr Wirken als Vor-Turnerin bei den Turngruppen, die sie in Dornbirn und Schwarzach geleitet hat.
Alte Mitglieder würden heute noch sagen: Das waren halt richtige Turnstunden...
Was dann auch noch ich als Pfarrer im Altersheim Alberschwende gesehen und gehört habe: Dass Frau Strobl gerne gesungen hat, fast bis zuletzt: Zum Geburtstag hättet Ihr noch steirische Gstanzln mit ihr angesungen!
Die Frau, die im Altersheim ein wenig turnt mit den Frauen und Männern, sie hat erzählt: Wie sie da letzthin gesungen hätten:
" o Marianna, oh Susanna, ist das Leben doch so schön..",
da habe Frau Strobl aber deutlich gesungen: „...ist das Leben doch so schwer…!"
Und das Schwerste war ihr - und so ist es ja wohl für uns alle früher oder später - wenn ein so schaffenskräftiger Mesnch wie sie immer weniger und dann gar nichts mehr tun kann, - weil man – in ihrem Fall - nicht mehr genug sehen kann!

Eines habt ihr noch erwähnt: Dass sie auch noch in den letzen gesunden Jahren sehr gerne nach Bad Gastein gegangen sei, um dort im Hotel ihrer Nichte Urlaub zu machen und zu schwimmen und in der Sonne zu baden – stundenlang, als ob ein unersättlicher Hunger nach Licht und Wärme in ihr gewesen wäre - und so wird es auch gewesen sein!

Im Altenheim in Alberschwende: Da hat die Frau Strobl noch einmal eine echtes kleines Zuhause gefunden.

Nur ein einziges Mal hätte sie ganz zu Beginn den Wunsch geäußert „heimzugehn": Aber dann hätte sie euch immer froh begrüßt - und froh verabschiedet.

Das ganze Personal sei sehr liebenswürdig gewesen, obschon – wie Ihr selber bekennt - sie nicht die einfachste Patientin gewesen sei....

Und dazu gehört wohl auch das „Hallo, hallo!" das sie unentwegt ausgerufen hat und das Haha!- Haha." ! War es nicht ihr Ruf nach Gespräch, nach Gemeinschaft, nach „Leben"...? Sie, die zeitlebens ein Mensch des Gesprächs war und der Beziehung war.

Ich möchte heute stellvertretend für uns alle sagen:

Frau Strobl, Franzi, hat Erhörung gefunden mit ihrem Rufen nach Gespräch, nach Gemeinschaft: Wie könnte es anders sein, als daß sie eingetreten ist in dieses „wahre Leben", das sich in den Gesichtern der Kinder widerspiegelt, die sie gemalt hat - und in der schönen Ordnung der Blume, die sie immer neu versucht hat, offenbar zu machen mit ihrem Malen....

Evi Simma 2013

Liebe Familie, liebe Kinder, liebe Freunde aus der Schule...

„...Gott hat Eveline/Evi plötzlich und unerwartet durch Herzversagen zu sich gerufen… Zu sich gerufen...!

Das dürfen nicht bloß leere Worte, eine leere Phrase sein.

Das muss von uns auch wirklich geglaubt werden, dass es genau so ist: Gott hat Evi zu sich gerufen..

Immer ist das Sterben, der Tod ist nichts anders als: Dass Gott ruft..
oder sagen wir: Gott lässt zu, was von der Natur, von der Krankheit her der natürliche Verlauf ist.

Und Evi war weit mehr krank als sie es selbst gewusst hat.
Geahnt wird sie es haben, dass da im Innern vieles nicht mehr stimmte..

Wir halten jetzt für sie die Heilige Messe – und die große Gemeinde soll ein Trost sein für euch.. und mehr noch die Worte, die wir hören werden. Worte, die uns über diese irdische Welt, das vergängliche Leben hinaus heben, uns vom Ziel verkünden..

„Sehr gut, Du bist eine tüchtige Dienerin (gewesen), du bist im Kleinen eine treue Verwalterin gewesen, ich will dir eine große Aufgabe übertragen.. Komm, nimm teil an der Freude deines Herrn..
Evi ist eine treue Verwalterin gewesen : Es ist ihr da auf der Erde eine große Aufgabe übertragen worden: Die Familie, die Kinder,
das Anwesen..

Aber – und so dürfen wir das wohl verstehen, dass Evi /Mama jetzt   von der andern Welt her eine noch größere Aufgabe übertragen ist:

Wir dürfen doch denken, dass sie auf ganz andere Weise Eure Mama...
Tochter und Schwester... bleibt.

Angefangen hat Evis Leben in der Steiermark.
Evi ist 1975 in Eisenerz in der Steiermark geboren.

1986 ist Oma Huberta mit Evi und den zwei Geschwistern Michaela und
Bernhard   in den Bregenzerwald eingewandert   - nach Hittisau...
Warum ??!!

Da ist Evi als 11 Jährige in die Hauptschule gekommen.
und hat dann eine Tischerlehre gemacht und obwohl ihr der Fensterbau
bald zu streng geworden ist, hat sie die Lehre mit der Gesellenprüfung
abgeschlossen!
1995 hat Evi geheiratet mit Richard Simma...
nach Mellau und dann nach Reutte.
Dort sind 1996 Conni und Daniel auf die Welt gekommen,

Richi und Kathi sind dann in Alberschwende geboren:
2000 und 2001.
Von da an ist Evi in Fischbach/Lebür daheim gewesen.

Und dort mit dem alten Bauernhaus hat Evi ihren Kindheitstraum ein
bischen erfüllen   können. Schon in der Steiermark hat sie als Moadle
immer den Traum gehabt: Ich will Bäuerin werden und - ich möchte Pferde
haben!
Bäuerin ist sie nicht geworden, aber Pferde hat sie einstellen lassen und
selber welche angeschafft. Stall und Koppel sind nämlich bei dem Haus
schon da gewesen.

Evi ist aber nicht die normale Pferdehalterin geworden.

Sie hat mit ihren Rossen eine tiefere Beziehung gesucht und hat das gelernt, was man „Pferde-Flüstern" nennt...

Sie ist zur Pferde-Flüsterin geworden!

In ihrer Liebe zu den Pferden hat sie eine ganz intime Art von Kontakt gefunden, sozusagen von Seele zu Seele, von Herz zu Herz..

Die Rosse haben sie verstanden und Evi die Rosse..

Dabei ist das eher schon, wie ihr gesagt habt, ein „Gnadenhof" gewesen: Die Rosse, die man da gebracht hat, sind schon längst in der „Pension" gewesen.

Wenn die Rosse versorgt gewesen sind, ist Evi aber in aller Früh in Richtung „Wälderstüble" gegangen. Bei Wind und Wetter sei sie den Weg oft zu Fuß gegangen von Unterrain zum Wälderstüble, nicht selten begleitet von Euch Kindern.

Seit Jahr und Tag ist Evi dort die absolut verlässliche Hilfe.

Darum hat man bei „Urbanecs" auch sofort gedacht, wo Evi am Mittwoch morgen nicht kommt: Da ist etwas passiert!

Ja, sie sei dann auch ganz früh zur Arbeit - und dann noch einmal kurz zurück, den Kindern Frühstück machen und sie in die Schule schicken – und dann wieder ihre Arbeit im Wälderstüble weitermachen.

Dort, so hat man gesagt(?), sei die Chefin Helene manchmal fast erschrocken, wenn das Handy von Evi geläutet hat:

Das Läuten ist nämlich ein „Vollgas-Hardrock" gewesen,

hat Kathi gewusst.

Evi ist ein Fan von Musik gewesen. Freilich nicht von Mozarts Zauberflöte:
Ihre Musik ist z.B. Rammstein Hardrock gewesen, was man dann auch
deutlich gehört   hätt, wenn sie beim Putzen über ihr Handy die
Lieblingsnummern laufen hat lassen.

Aber Evi hat nicht nur Musik gehört. Sie hat auch selber Musik gemacht.
Vor Jahren hat man den Kinder ein Schlagzeug angeschafft gehabt und
wie die dann keine Lust mehr gehabt haben, hat die Mama Evi
angefangen damit: Seit eineinhalb Jahren nimmt sie Unterricht bei der
Musikschule : Im Schlagzeug!
Dass Richi wach wird, habe Mama am Morgen im Zimmer darunter schon
kräftig geübt...
Und dem Musiklehrer hat sie übers Handy einen Song vorgespielt
mit einem tollen Schlagzeug - und hätt zu ihm dann gesagt:
„Do möchte ich auch ani ko..!“
Was hat denn Mama noch so alles getan?
Gelesen hat sie. Immer schon Pferdebücher natürlich und auch
andere. „Der Name der Rose“ sei eines von den letzten gewesen.
Drum wohl hätten die Kinder auch schon früh gern gelesen.
Und viel Kaffee getrunken hat sie, erinnert sich Kathi.

In den letzten Jahren hat Evi mit eigenem Willen auffallend stark
abgenommen. Sie hätt radikal auf Süßigkeiten verzichtet...
und hatt sich damit wohler gefühlt und mit den Kilo sei sogar auch die
Migräne weg, an der sie jahrelang gelitten hat.

Die letzte Ferienwoche hat Evi mit zwei von Euch Kindern die Oma Opa
in der Steiemark besucht.
Wer weiß, hat man gesagt, wie lange das noch möglich ist.

„Sie haben uns gefüttert, als wären wir am Verhungern", sagt Kathi.

Am Sonntag am morgen um halb vier sind sie wieder heimgekommen

Nur manche Zeichen hat sie wohl übersehen oder nicht sehen wollen:
Eine Müdigkeit hätt sie geplagt in der letzten Zeit.

Und das Herzrasen, wenn sie eine Süßigkeit gegessen hat.

Im Nachhinein hat sich gezeigt, dass Evi schon länger einen Tumor auf der Niere hatte. Und man weiß: Tumore verbrauchen grenzenlos viele Kalorien jeden Tag.

Evi ist nur für die Kinder da gewesen, nur für sie hat sie gelebt und hat sie gern geschafft. Und hat auf allen Luxus - auch den von einem Auto - von Herzen verzichtet.

Und Evi /Mama hat das Fundament dafür gelegt, dass Ihr Kinder jetzt schon stabile und tüchtige junge Leute geworden seid in der Schule und erst recht in der Lehre.

Und Ihr   werdet auf dem Weg weitergehen unter den starken Fittichen/Flügeln von Oma mit Familie...

Und auch die von Lehrerinnen in der Schule und Lehrmeister
bei Blum und Cernencek...u.a.

Im Evang. vom kommenden Sonntag heißt es:

„Wer in den kleinsten Dingen zuverlässig ist, der ist es auch in den großen, und wenn ihr im Umgang mit dem fremden Gut zuverlässig gewesen seid, wird man euch euer wahres Eigentum geben."

Ich kann das nicht anders verstehen als so: Dass das „wahre Eigentum" uns über den Tod hinaus gegeben wird: Nämlich das Leben Gottes und die vollendete Persönlichkeit..

Evi ist doch schon da auf der Erde immer mehr so geworden,
wie sie jetzt - so hoffen wir - ganz ist.

Wie heißt es in meiner Quelle:

Er: „Meine Kinder, fürchtet nichts, selbst nicht den Tod.

Vor allem nicht beim Sterben, das ist der Moment des höchsten Vertrauens, das ist eine allgemeine Gutmachung des Lebens.

Es ist die Türe, die sich öffnet.

Ich, euer Gott, stehe dahinter..".

Und: **„Wenn du die Erde und ihre Sorgen gänzlich verlassen und – ganz rein und leer – die Sphäre gewechselt hast, welche Erleichterung, meine Tochter, und welche Ruhe!**

Oswald Spettel 2007

„Verherrliche mich jetzt mit der Herrlichkeit, die ich bei dir hatte, bevor die Welt war.."

Oswald ist in die „andere Welt" gegangen... ins „andere Leben"; jenseits von dem irdischen, in dem wir noch sind.

Das Leben auf der Erde wird kurz sein...

Es heißt : „Alles wird auf halbem Weg stehen bleiben...Fühlst du nicht manchmal, dass deine wahre Heimat anderswo ist..?

Warum also hier unten hängen bleiben..?..

Das andere Leben kann jeden Tag eintreten".

Aber bevor wir ins andere Leben gerufen werden, kommt das irdische Leben, werden wir in diese Welt berufen...

Am 29.12. 27 ist Oswald geboren als eines von acht Kindern der Eltern Anton und Katharina Spettel, die auch Bauern gewesen sind in Tannen, wo er bis zuletzt daheim gewesen ist.

Nach der Schule Ende der Dreißiger Jahre zuerst noch auf der Bauernschaft bei der Familie...

Dann aber – gegen Ende Krieg – hat man Oswald auch noch einberufen – mit 17. Für drei Moante ist er als 18 jähriger noch in Gefangenschaft gekommen, aber doch lebend wieder heim-gekommen: Auf einem Fahrrad! Mama hätt ihn zuerst gar nicht wieder erkennt..

Dann hat Oswald die Bauernschaft übernommen, hat die Geschwister „ausbezahlt" und hat Marie, eure Mama, geheiratet,

die mit sieben Kindern eine große Familie auf die Welt gebracht hat.

Von Jahr 58 bis 70 fünf Söhne und zwei Töchter.

In den früheren Jahren hat Oswald noch die zwei Rosse vom Däta gehabt und ist bekannt gewesen als ein guter Holzfuhrmann.
Oswald hat aber schon früh ein Auto gehabt:
Ein Büsle, mit dem die ganz Familie in die Schweiz gefahren ist oder zum Schifahren...
Buben erinnern sich noch gut, wie sie dann mit Tätas Auto umeinanderkaresslet sind..
Mit dem ersten Steyr-Traktor sei er dann viel auch für andere Leute gefahren mit Holz und auf die Alp und beim B`Schütten...

Und dann hat natürlich der Lift zum Leben von Oswald gehört als kleiner Teilhaber und Mitarbeiter. Von 1964 an – also mit Eröffnung vom Tannerberglift – ist Oswald jeden Winter beim Lift tätig gewesen, Bügel geben, oft für die Kinder, an der Kassa, bei der Bergstation.
Und das bald einmal beim kleinen Tannerberglift-Lift bis zu seiner Pensionierung.

Noch im Jänner sei ein Pfleger - es ist wohl der Stefan gewesen- mit Oswald extra hineingefahren ins Tannerbergstüble auf einen Besuch, dort hin, wo Oswald seine Freunde gehabt hat, wie es für einen Liftler einfach passt, dass man so manch frohen Feierabend verbracht hat.

Was wir da in der Kirche auch erinnern dürfen: Owald ist unter Schwester Margret beim Kirchenchor gewesen.
Welche Stimme?? Aber das ist schon bald nach dem Krieg gewesen..

Insgesamt sagen die Kinder : „Mama und Däta haben viel geschafft, dass wir Kinder es gut haben...“
1996 ist Marie gestorben.

Eine Zeit danach hat Oswald noch einmal Glück gehabt:

Mit Elsa hat er noch einmal eine Begleiterin gefunden für fünf Jahre.

Und es ist ein schöne Zeit gewesen für Oswald und Elsa.

Da hat er sogar noch einmal Tanzen gehen können, was er gut und gern getan hätt..

Und mit Oswald zusammen hat Elsa für eine Weile das Tannerbergstübele bewirtschaftet und hat sie das Jassen gelehrt, damit sie mitjassen hätt können.

Das Jassen ist für Oswald einfach das große Lebenselexier gewesen. Das können die Jasser unter uns gut verstehen: Dass einem das Jassen Freude und Spannung und echte Geselligkeit verschaffen kann und eben Kollegen und Freunde wie Adi und Brüstles Toni und Josef und....???

Dabei ist Oswald bekanntlich einer gewesen, der sonst ja nicht so viel geredet hat, aber gern hat Oswald gelacht.

Und wenn er etwas gesagt hat, dann hat es „gestochen".

Elsa ist aber schon nach fünf Jahren verstorben..im August 2002.

So ist Oswald die letzte viereinhalb Jahre allein gewesen.

In die Zeit gehört eine große Ehrung zu seinen 60 Jahren Fronleichnamskompanie (Edwin..Anton…),wo Oswald ja zu Fronleichnam auch einer von diesen Männer gewesen ist, die da

aufmarschiert sind zur Freude und zur Festlichkeit in der Gemeinde.

Freilich ist Oswald auch Opa gewesen und hat sich Zeit genommen für seine 13 Enkel.

... auch mit einer Runde Traktor-Fahren..

Dann ist die Zeit gekommen, wo Oswald öfter ins Spital hat müssen
und wo ihm selber immer deutlicher geworden ist, dass das äußere Leben
in der Welt zu einem Ende kommt…, dass alles vorbei geht.
Da ist Oswald zunehmend stärker geworden…stark in der Geduld, im
Ertragen, im Annehmen…

Die letzten drei Monate ist Oswald im Altersheim gewesen
und da sagen Kinder : Dank an alle,die ihn im Altersheim noch besucht
haben, die Jasser, die Nachbarn, Freunde…
Und einen großen Dank möchten sie sagen dem Altersheimpersonal: Es
sei eine sehr gute Pflege gewesen!
Zu seiner Unterhaltung sei „eines" vom Personal sogar ins Geschäft
gegangen, Bio-Wein für Oswald einzukaufen, weil er so gern noch einmal
ein Gläsle Wein hat trinken wollen..

An den Freitagen ist Oswald immer bei der heiligen Messe dabei gewesen.
Er hat aufmerksam zugehört und gläubig die Heilige Kommunion
empfangen und die Krankensalbung.

Wer Oswald noch sehen hat können nach seinem Tod auf seinem Bett
liegen: Es ist eine große Zufriedenheit in seinem Gesicht zu lesen
gewesen, als ob er ganz tief schlafen tät nach einem strengen, aber
erfolgreichen Tag oder als ob er etwas Wunderbares träumen tät..

Er: „Fürchtet nichts, nicht einmal den Tod.
Ihn vor allem fürchtet nicht.
Es ist ja der Augenblick eures höchsten Vertrauens.
Hier geschieht die Wiedergutmachung eures Lebens.
Es ist die Tür, die sich öffnen wird. Ich aber stehe dahinter."

Josef Metzler 2022

Evangelium: Joh 14, 1-6

Und so ist jetzt auch Josef vom Herrgott heim geholt worden., nachdem er auch ihm seinen Platz in den anderen Welt vorbereitet hat.

Heute dürfen wir aber noch einmal auf den „Platz" schauen, der für Josef in dieser Welt bestimmt gewesen ist:

Josef wurde als erstes der sechs Kinder der Eheleute Anton und Josefine Metzler, geborene Lang, am 11 April 1933 in Schwarzenberg geboren.

Dort besuchte er die ein-klassige Volksschule *Ratzen.*

Während der Vorsäßzeit ging er in Alberschwende zur Schule.

Anschließend besuchte er die Land-wirtschaftsschule Graschnitz in der Steiermark.

Er war auch Mitglied in der katholischen Jugend. Dort half er beim Aufbau des Bildungshaus St. Arbogast tatkräftig mit.

Als 16-Jähriger baute er in seinem geliebten Vorsäß Greban mit mehreren Schulkollegen eine Güllegrube mit 16 M3.

Das Baumaterial musste mühsam einen ganzen Winter lang mit Seilbahn hoch transportiert werden.

Er war auch Obmann des Kneippverein sowie des Obstbauvereins Schwarzenberg.

Dabei hatte er zuhause ein eigenes Labor für die Bodenuntersuchungen.

Auch legte er die Sprengprüfung ab.

Auch eine selbsterstellte Faschingszeitung fand riesigen Absatz. Leider nur ein Mal, weil einige durch die Beiträge sich gekränkt fühlten.

Er war auch in der Gemeindevertretung tätig.

1959 baute er das Stallgebäude auf dem Vorsäß Greban neu auf. Zur damaligen Zeit sagte einer: „Das ist ja ein Tanzsaal, kein Stall"!

1960 war er Gründungsobmann der Wassergenossenschaft Schwarzenberg „Enethalb".

Von 1964 bis 1966 erbaute er die Hofstelle Schwarzenberg Maien neu.

Dabei machte er fast alles selbst.

2 Jahren später wurde die Hofstelle um einen Schweinemaststall erweitert.

Auch da machte er fast alles selbst.

In diesem Jahr 1966 heiratet er auch seine Frau Monika Beer aus Bezau.

Zu der Heirat habe eine Nachbarin gesagt:

Do hat man gemeint, der Sepp sei nia of d Stubat ganga und auf einmal heiratet er Monika aus Bezau.

Aus der Ehe mit Monika seid Ihr fünf Kinder auf die Welt gekommen.

In den 70er Jahre organisierte er mehrere Fahrten auf die Bauernkammer, um die Asphaltierung des Lorenawegs auf der Schwarzenberger Seite zu ermöglichen.

Am Schluss fehlten noch 10m, da wegen der Ölkrise kein Asphalt verfügbar war.

1984 erfolgte der Umzug mit der ganzen Familie in das damalige Vorsäß „Greban".

1988 erfolgten die Übergabe an den ältesten Sohn Bruno.

Er zog sich aus der Landwirtschaft zurück und half nur noch mit, wenn man ihn fragte.

Seine Frau Monika ist schon 2009 verstorben.

Wenn die Kinder ihn besuchten, hatte er immer eine Arbeit parat.

Eigentlich war er mehr ein Gestalter als Bauer.

Mitgestalter war er auf jeden Fall auch als Jasser bei den Jasserrunden über die Jahre …

Mitjasser – ohne Gewähr auf Vollständigkeit: Da waren Gebhard, Kasper, Regina, Alfons, Herbert, Laura, Katharina, Werner…

Josef war auch ein treuer Wallfahrer: Er war in Jerusalem, er reiste zum Pater Pio, den er verehrte, ganz oben war ihm die Gottesmutter, deshalb Lourdes und Medjugorie, natürlich war er in Rom...und bei Franziskus in Assisi..

Das mächtige Bildstöckli zur Ehre von Franziskus und der Gottesmutter samt dem überdachten Rastplatz ist uns allen seit Jahren bekannt, wo allermeist eine Kerze am Brennen war..

Und oberm Haus das Kappele, wo alle 9 Kinder von Ilga und Bruno getauft worden sind und die zwei von Sonja und Lukas..

Apopos seine 5 Kinder: Alle sind sie tüchtige Nachkommen geworden.., die ihrerseits wieder stolz sein dürfen auf ebenso tüchtige Enkel …

Wo Monika 2009 gestorben ist, spürte Josef, dass er für sich allein in ein Loch fallen würde.., so hat er umgeschaut nach einer Gefährtin und hat die Heidi gefunden aus Satteins, die ihm eine ideale Stütze gewesen ist. Bis er auch ihren Heimgang erfahren hat müssen.

In den letzten Monaten hat Josef eine Frau und ein Mann als 24-Stunden Helfer gehabt: Die Flori und der Daniel sind hervorragende Begleiter gewesen.

In den letzten Jahren hat Josef immer mehr zu leiden gehabt mit seiner Herzkrankheit. Die Aortenklappe ist immer enger geworden.

Das Schnaufen ist immer beschwerlicher.

Vor drei Jahren hat ihm Dr. Sutterlüty noch drei Monate gegeben.

Es sind drei Jahre geworden.

Zur letzten Ölung habe ich zu ihm gesagt:

Du willst Heimgehen, Josef, geäl?

Ja, schon lang... schon lang…

Er:

Was für eine Rolle spielt es, was dir geschehen kann, da dein weg über die Erde in ein Leben ohne Ende einmünden wird..?

Oh schöne Straße, die in die Ewigkeit führt!

Sterben heißt ja: Zu Mir kommen, denn indem du dich verlierst, wirst du mich finden.

Josef Berchtold 2012

Auch Josef kann sagen : **Vater, die Stunde ist da.**

Verherrliche einen deiner Söhne..

Auch ich habe das Werk zu Ende geführt,

und für das du mich geschaffen und berufen hast... von Anfang an..

Der Anfang (von Josef) war am 24. Feb. 1936 durch die Eltern Stefanie und Florian Berchtold.

Josef ist das älteste von 7 Kindern :

Roswitha, Herbert, Alois, Werner, Edmund, Herta...

Aus seiner Schulzeit wird im Blick auf die Kirche erinnert, dass Josef damals zusammen mit Dressler Buben über Jahre Ministrant gewesen ist...

Josef Marte.?... und dann bei der Katholischen Land-Jugend.

Ein unvergessliches Erlebnis aus seiner Bubenzeit am 1. Mai 1945:

Da hat er zusammen mit den Geschwistern Roswitha und Herbert und Alois einen Angriff von frz Tieffliegern überlebt, die das Elternhaus beschossen haben: Weil ein deutscher Soldat hinein geflohen war!

Nach der Schule hat Josef bei Albrecht und bei Johler gearbeitet, lange Zeit dann bei der Lebensmittelfirma Zumtobel – zusammen mit Herbert im Magazin.

Die Familie erinnert sich, dass Josef schon früh einen Hang zum Technischen und zu Motoren hatte und zu Autos.

Seine Hilfsbereitschaft war am größten, wenn es Autos zu reparieren gegeben hat.

Auf Josefs Initiative hat man damals einen Wellenbock angeschafft, der vieles leichter gemacht hat in der Landwirtschaft daheim.

Und es habe ihn sehr gefreut, wie man den ersten Motormäher angeschafft hat.

Ein anderes besonderes Erlebnis war wohl sein Einsatz nach der Lawinenkatastrophe im Walsertal 1954, wo er mit dem Alberschwender Hilfstrupp zum Aufräumen dabei war.

 Dann ist Josef zur Gendarmerie gegangen

und damit in einen Beruf eingetreten, der viel Kraft abverlangt,

 - kein leichter Beruf.

Ein Vertreter der Polizei wird ihm einen Nachruf halten.

Josef hat im Jahre 1962 Liesl geheiratet.

Es sind vier Kinder auf die Welt gekommen:

Guntram, Theresia, Wolfgang, Christine –

und - wie in der Anzeige veröffentlicht – gehört auch Dietmar dazu.

Nachdem man zuerst in Rusch's Haus gewohnt hat, haben Josef und Liesl nebenan das Haus für die Familie gebaut.

Josef hat – man hat es lesen können – 39 Jahre musiziert mit dem Musikverein. Auch dazu werden wir noch einen Nachruf hören.

Einen weiteren Nachruf werden wir hören über Josefs Mitgliedschaft beim Kameradschaftsbund. Und von den Jahrgängern.

Bei den Bauern ist Josef lange Jahr bekannt gewesen als

Milchmesser in aller Früh.

Und Toni und Herlinde berichten, dass Josef 8 Jahre beim Chörle mitgesungen hat. Dabei ist vor einigen Jahren auf seine Initiative und in Eigenregie ein Heft mit Marienlieder entstanden – für allgemeinen Gebrauch.

Nach gesunden Jahre in der Pension hat Josef Ende letztes Jahr einen ersten Schlaganfall erlitten.

Er hat sich aber doch soweit erholt, dass er wieder reden hat können und mit Liesls Hilfe ein bischen unterwegs sein – auch zu „Cäsar" und zum „Löwen", wo er ja sein Leben lang zu den Stammgäste gehört hat...

Und - noch nicht lang her - noch einmal in die Werktagsmesse im Merbodkapelle, wo Josef durch all die Jahre immer wieder Gottesdienstbesucher gewesen ist.

In Folge sind aber wieder Hirnschläge eingetreten – stärkere - bis zu seinem letzten.

„Papa hat in der letzten Zeit viel geschlafen. Schließlich ist auch sein Sterben ein Einschlafen gewesen....
Wirklich „entschlafen", wie die Kirche betet.

Ich bin sicher, dieses letzte Jahr hat Josef noch einmal zutiefst gewandelt, so wie uns alle das Leiden wandelt und bereit macht.
Wie Jesaja einmal schreibt vom „Gold, das im Schmelzofen der Bedrängnis geläutert wird".
Und Jesus sagt: „Wenn ich ein anderes Mittel hätte, dich näher an mich zu ziehen als das Leiden.. ich würde es dir geben."

So wie alle unsere Vorfahren ist auch Josef nicht einfach verschwunden. Die Sterbliche Hülle liegt im Sarg, aber die Seele, also Josefs „innerster Mensch" ist in die andere Welt, in die geistige Welt gegangen.

Er: „Hinscheiden währt nicht lange. Wenn die Seele den Leib verlässt, ist das der Eintritt in die andere Welt..

Franz Kleber

Unser Sterben ist nicht nur ein blindes Schicksahl, ist nicht nur ein zufälliges Ereignis.

Jesus sagt:

„..wenn ich gegangen bin und einen Platz für euch vorberiete habe, komme ich wieder und werde euch zu mir holen..“

Sterben und Tod: Das bedeutet, dass wir von Ihm geholt wird: sobald der Platz vorbereitet ist.

Und diese Vorbereitung findet ja da in diesem Leben statt – zusammen mit Ihm durch das ganze Leben; durch all unser Tun und Lassen; durch die Ereignisse im Leben, durch das Schwere und durch das Schöne; durch die Prüfungen; durch die Kreuze, die uns aufgegeben sind – denn jedem von uns ist ganz sein Kreuz vom Herrgott zugeschnitten:

Die Kreuze auf den Gräbern sind Sinnbild für unser persönliches Kreuz, das aber „Vorspiel“ ist für die Auferstehung.

Und so schauen wir heute mit einem kurzen Blick zurück auf das Leben von Franz und auf das Kreuz und auf den Weg, den der Herrgott für ihn vorgesehen hat....

Am 19.Feb 44 ist Franz auf die Welt gekommen als das zweitjüngste von 9 Kinder : Franz hat also 8 Geschwister.

Die Eltern Franz Josef und Anna haben neben der Landwirtschaft und der großen Familie einen Laden und das Gasthaus „Engel“ gehabt in Bersbuch: Mancher alte Gast ist noch in unseren Tagen zum Jassen in den Engel gegangen..

Mama ist früh gestorben.

Als Bub, so erzählt Ihr, ist er Pfister auf der Alp gewesen, wo man das Vieh gehabt hat..

Und Ihr wisst, dass Franz eine Liebe zum Musizieren gehabt hat – er hat Handorgel gelernt – und   hat schon als Bub getanzt bei der Trachtengruppen.

Für einen Gastwirtssohn liegt es nahe, dass er in die Kochlehre geht und Koch wird.

Im „Sägerhof" in Dornbirn hat Franz die Lehre gemacht, hat dann in mehreren Gastbetriebe gekocht.

Schließlich auch im Hotel Engel in Alberschwende: Und da habt Ihr, Dein Mann und Du, Franziska, das Haus hinterm „Engel" (Alberschwender Engel..) gekauft und seid „Alberschwender" geworden mit Euren drei Kinder Stefan, Veronika und Klaudia..

Die letzten zwanzig Jahre von seinem Berufsleben hat Franz ein eher geregeltes Koch-Leben gefunden:

Bei der Wildbachverbauung brauchen die größeren Arbeiter-Partien einen Koch, wenn man die ganze Woche irgendwo in der Höhe ist. Franz ist jahrelang in der Gegend von der Hohen Kugel eingesetzt gewesen.

Dann ist die große Unterbrechung geschehen.

Im März 1994 ein Unfall, der ihn arbeitsunfähig gemacht hat.

Die Füße haben nicht mehr so mitgemacht, wie es das gebraucht hätte.

Die Jahre in der Pension hat Franz ganz bei der Familie und in seinem Heim gelebt: Das eher stille und zurückgezogene Leben hat seiner Natur entsprochen.

Freilich, so still ist es auch wieder nicht gewesen:

Da haben die Enkel „Leben" gebracht und haben die Familie verbunden.

Da ist seine Liebe zur Natur gewesen:

Mit Dir, Franziska, hat er gehen können, weil Du seinen langsameren Schritt gegangen bist.

Am Samstag ist man auf den Dornbirner Markt gefahren :
Franziska ist die Fahrerin gewesen.
Kleine Reisen habt Ihr Euch geleistet.
Der Bodensee hat oft angezogen.

Und auch die Handorgel hat Franz noch in Betrieb gehabt.

Und – was wir fast vergessen hätten – das Jassen mit den vielen Geschwistern! Übers Jassen ist die Geschwisterliebe lebendig geblieben.
„...und wenn ich einen Platz für bereitet habe, komme ich wieder und werde euch zu mir holen, damit...“

Ganz ähnlich wie Edwin ist es auch bei Franz geschehen:
Im Augenblick ist das Herz still gestanden.
Bei Franz in der Nacht.
Als ob er in einen tiefen Schlaf gefallen wäre.
Und der Schlaf ist auch ein Bild für den Tod.
Jesus sagt einmal über das tote Kind: „Es schläft nur..“

Der Tod ist nicht einfach nur der Tod.
Der Tod ist mehr, viel mehr als nur der Tod.
der Tod führt ins wahre Leben.

Er: „Es ist der Augenblick Eures höchsten Vertrauens.
Im Tod geschieht die Gutmachung von Eurem Leben.“
...Der Tod ist die Türe, die sich öffnen wird.
Der Tod ist Hinscheiden- und das währt nicht lange.

Es bedeutet, die Erdenwelt zu verlassen, um in eine andere einzutreten, in ein Leben eintreten, das nie mehr enden wird. Dieses Leben ist Gott selber…"

64

Peter Eiler 2022

Glaubt an Gott und glaubt an mich..

Wir wissen alle, dass Peter mit Selbstverständlichkeit ein gläubiger Mensch war. Wie ich weiß, in den letzten Jahren seiner Krankheit noch intensiver als vorher.

Auch dass der Pfarrer immer wieder zum Essen eingeladen war von der Familie…Wäre er und die Familie gegen die Kirche eingestellt, hätte man mich nicht eingeladen..

Ein wunderbar tröstliches Wort ist: **Im Haus meines Vaters gibt es viele Wohnungen..**

Dürfen wir damit doch glauben, dass auch für Peter so eine Wohnung bereit steht, nachdem er in diesem letzten Jahr alles Wohnen auf dieser Welt hinter sich lassen musste
und er sich ergeben hat in die Heimatlosigkeit einer Gefängnis-Zelle
und so zutiefst bereit gemacht wurde für das Wohnen in der anderen Welt.

Wenn ich gegangen bin uns einen Platz für euch vorbereitet habe..

Peter hat da auf dieser Welt seinen Platz gehabt: Das Haus in Rohnen..Berufsmäßig war sein Platz über Jahrzehnte das Musikmachen zur Unterhaltung bei vielen Festen und Anlässen und in Lokalen..
Manchen unter uns hat er zur Hochzeit gespielt..

Gemeinsam mit seinen Musikerkollegen war er bekannt in Nah und Fern unter dem Namen der „Lederhosen"..

Einen fixen Platz hat Peter auch beim Brüggele-Lift gehabt.

Ich weiß, dass er für den Lift alles getan hat…

Die Arbeit beim Lift war ihm sehr am Herzen.

Sei es, dass er Bügel gereicht hat Groß und Klein

oder im Häuschen oben den Ausstieg überwacht -

Oder : Immer war er zur Verfügung für Reparaturen und alle die Arbeiten,

die rundum bei Lift zu tun waren..

Noch einen Platz hat er inne gehabt, nämlich beim Obst- und

Gartenbauverein. Er hat dann auch Bäume geschnitten

und bekannt war er mit seiner Schnapsbrennerei.

Er: Selbst wenn ihr an euren Tod denkt, seid nicht traurig..

Ich bin denselben Weg gegangen.. meine Mutter …

Und immer ist der Tod die allgemeine Gutmachung eures Lebens..

Lieber Pfarrer Peter Mathei

(unter anderem schreibt er): *Ich hoffe, es geht euch allen gut.*

Ich bereue diese Taten sehr – und hoffe auf ein gerechtes Urteil.

Ich musste hier für meine Gesundheit einiges durchmachen..

Das hat mich viel Kraft und Willenskraft gekostet..,

aber mit Gott geht vieles besser..

In einem zweiten Brieflein schreibt er:

Es tut mir sehr leid, was da durch mich geschehen ist..

Ich bereue es jeden Tag…und ich hoffe, dass mein Familie das gut übersteht. Ich bete jeden Tag dafür und denke, Gott ist auch bei mir..Ich werde so was und anders nie mehr tun..

Ich bedanke mich herzlichst

Euer Peter

Er: *Wenn du wüsstest, welcher Art die Liebe eines Gottes ist, du könntest nicht anders, als ihm alles mit Freuden übergeben…*
du könntest nicht anders, als auf ihn zählen im Leben wie im Sterben..

67

Maria Rauch 2008

Unsere Lebenswege sind so verschieden wie wir selber verschieden sind.

So ist auch der Lebensweg von Maria, von „Tante Ria", ganz ihr Weg....

 Es ist der Weg von einer Frau, die zu den „Kleinen" gehört, von denen Jesus /der Herrgott gesagt hat, dass sie ihm besonders am Herzen liegen; dass sie ihm besonders verwandt sind.

Nein, es kommt nicht darauf an, dass man viel in die Kirche geht.

Es kommt aber für das Ewige Leben darauf an, dass man den Herrgott um Hilfe bittet; dass man sieht, wie klein und arm man ist und wie bös man sein kann und schwach...

Dass man dann ganz gewiss sein kann: Der Herrgott nimmt mich auf, weil Er weiß, was für ein Kreuz er mir aufgeladen hat...

Maria ist sicher so ein demütiger Mensch gewesen.

Sie hat ein Kreuz zu tragen gehabt, das nicht immer leicht war..

Geboren..... als das 5.Kind von 7 Kindern der Eltern Rudolf und Theresa Preuss geborene Feuerstein aus Schwarzenberg (die Schwester von Josef..)

Sie ist aber schon früh gestorben : an Kinderlähmung.

Ohne dass ich dazu gefragt habe: aber es sind sicher schwiereige Startbedingungen gewesen für die Kinder.

Eine frühe Arbeitsstelle für Maria war der Haushalt bei Johler Helmut Senior; von Mina, seiner Frau, hätt es aber Lob gegeben: Wie sauber Maria gewesen sei..

Später hat Maria viele Jahre im Gastgewerbe geschafft – als Bedienung.

Eine harte Arbeti, - es gibt kaum eine härtere, wo man alle die Launen und Grobheiten und Unhöflichkeiten von Gästen ertragen muss.

Aber ich habe gehört sagen : Maria ist eine Frau mit Humor gewesen, die
übrigens auch gern getanzt hat und gesungen.

Marias erster Mann ist vor Jahren an Krebs gestorben.

Seit 25 Jahren ist sie mit Erwin verheiratet.

Erwin sagt über Maria: „Sie ist eine richtig gute Seele gewesen.

Hat mit allen Frieden gehabt und gesucht.

Und unsern Haushalt hat sie perfekt sauber geführt."

Eine große Liebe hat sie gehabt zu den Blumen,

eine Freude und einen Stolz über die Blumen beim Haus und auf der
Terrasse und wenn Erwin und auch die Verwandten Blumen gebracht
haben...

Die wohl noch größere Liebe hat aber den Katzen gegolten:

4 wilde und eine eigene. Für ihre Katzen hätt sie gehungert, wenn s nötig
gewesen wär.

Die zutrauliche und streichelbedürftige Katzen sind ihr sicher ein Trost
gewesen.

Und dann hat sie sich auch immer wieder einmal gefreut über ihre Nichten
und Neffen: Was für prächtige Kinder ihr habt!

Sie selber hat sich lange Zeit selber Kinder gewünscht gehabt.

Ein türkisches Pflegekind hätt sie eine Weile lang aufgenommen.

Erwin erinnert, dass sie früher viel miteinander fortgefahren sind: ins
Südtirol, nach Italien...

In den letzten Jahren ist sei immer mehr daheimgeblieben

und sie hätt dann zu Erwin gesagt:„Du hast alles gesehen, ich vieles.."

Wohin sie aber gern mitgefahren ist: Ins Wolfurter Ried, wo Erwin ein kleines Stuck Boden hat mit einem Blockhüsle und einem Garten und einer Weinlaube.

„Wir haben es die allermeiste Zeit schön gehabt miteinander...Jetzt ist es leer, wenn ich heimkomme..."

Wir haben schon gedacht, sie sei überm Berg..

Da ist es aufeinmal zu Ende gegangen.

Sicher ist sie schon länger nicht gut gewesen, kränker als sie es zugegeben hat.

So hat sie sich in den letzten Jahren auch immer mehr zurückgezogen.

Man hat sie nicht mehr gesehen im Dorf.

Der letzte Wunsch, den sie noch sagen hat können, dass sie eine Erdbestattung möchte..

Die sie schon lange kennen, sagen, Maria ist ein sehr freundliche Person gewesen.

Ein seelenguter Mensch - mit viel Humor.

Nachbarn sagen: das Hemd vom Lib hätt sie hergegeben...

Man hat sie rundum mögen.

Das Bild von der Todesanzeige zeigt, dass sie krank war; dass sie viel hinter sich gehabt hat..

Aber Maria wird einen Neuen Leib bekommen...

Sie wird getröstet werden jetzt - ich glaube, ein bischen ähnlich wie der arme Lazarus im Schoß von Abraham..

Frieda Bereuter (Glaser Eugens Frau) 2006

...am 9.11.voriges Jahr haben wir Eugen (Glasers") begraben.

und von Eugen hat es so manches zu erzählen gegeben.

Das Leben von Frieda ist, still und einfach verlaufen wie es bei Frauen und Müttern ja meist der Fall ist. Deshalb haben wir auch diese Evangelium vom „Dienen" gewählt für sie und vom Weizenkorn, das in die Erde fällt und stirbt und dann „reiche Frucht" bringt.

Die Alberschwender wissen, - da sage ich gar nichts Neues, - dass Frieda wirklich so ein Weizenkörnlein war, das ein Leben lang bis zum Ende – überaus bescheiden - in die Erde gefallen ist...

Und so schon hier auf der Erde vor allem für die Töchter und für die Enkelkinder „reiche Frucht" gebracht hat: Ein schönstes Vorbild gewesen ist.

Noch vorgestern habt Ihr, liebe Familie, bekannt, dass Ihr so viel von Eurer Mama lernen habt können.

Wir leben zwar in einer Zeit,die nicht mehr so die Zeit von Frieda und aller der Frauen ihrer Generation ist.

Trotzdem: Die Werte, die Haltungen, die Ihr bei eurer Mama erlebt und erlernt habt : diese Werte sind immer und in jeder Zeit „groß" und tragend für das Zusammenleben von Menschen :

Alle sagen: Frieda ist eine sehr bescheidene Frau gewesen. Immer auf Frieden ausgerichtet und gegenseitige Würdigung.

„Ich weiß nicht, wie man Frieda je hätt zornig oder bös machen können.."(Roman)

Frieda ist immer – wohl schon von daheim her, eine sehr fleißige, arbeitsame Frau und Bäuerin gewesen, die dem Eugen viel Arbeit abgenommen hat...manchmal vielleicht sogar zuviel, sagt der Bruder.

Von Schnifis ist sie gekommen aus der Familie Erhard.
Eines von fünf Kinder ist sie gewesen.
Und schon damals sei Frieda aufgefallen mit ihrerer ruhigen, mit ihrem friedvollen Wesen.
Eine Schwester von Eugen, Blanka, hat damals schon in Schnifis gelebt – und hat die Frieda gewinnen können, zu ihrem Bruder Eugen nach Alberschwende als Magd zu gehen.
Aus einer Saison sind fünzig Jahre geworden.

Frieda und Eugen haben geheiratet – 1954.
Vier Töchter sind daraus geworden und Enkelknder,
die ihre Mama und Oma sehr geliebt geliebt haben.
„... sie ist uns immer - wirklich immer- eine so unendlich friedvolle, zufriedene Mama gewesen. Es ist ein tiefes Vertrauen zwischen ihr und uns allen gewesen", erinnert ein Schwiegersohn..

Und geschafft hat sie viel. Sie ist ein Leben lang das „Mägdlein" geblieben, als das sie ins Haus gekommen ist.
Und dazu heißt es in unserem Evanglium:
„Wenn einer - eine- mir, dem Erlöser, dient, wird der Vater ihn ehren.."
Die Nachbarn sagen: Mit Frieda hat es keine einzige Unstimmigkeit gegeben.
Zwei Jahre ist sie in der Pflege von Helga und Bruno gewesen und auch von Manuela.
„Sie ist uns ein wunderbarer Patient gewesen. Sie hat zwar nicht mehr viel reden können, aber so oft hat sie uns ihr liebes Lächeln geschenkt."

Es heißt: **„Man stirbt, wie man gelebt hat".**

So ist es bei Frieda gewesen, habt ihr erzählt.

Sie ist in vollkommenem Frieden eingeschlafen, auf ihrem Gesicht das große „Ja"/Amen. Als das treue Mägdle, das sie ein Leben lang gewesen ist, ist sie auch gestorben.

Gerhard Flatz 2010

Wenn ich einen Platz für euch vorbereitet habe, komme ich wieder und werde euch zu mir holen, damit auch ihr dort seid, wo ich bin.."

Unser Herrgott hat auch für Gerhard einen Platz vorbereitet.

und Er hat Gerhard selber vorbereitet, damit er ihn zu sich holen hat können und damit auch Gerhard dort ist, wo der Herrgott ist..

Wenn ich persönlich mich an Gerhard erinnere, dann sind es einige verschiedene Bilder:

Da erinnere ich mich an Gerhard, wenn ich ihn zufällig angetroffen habe bei Wendel Josef drunten im Moos.

Ich erinnere mich an Gerhard bei manchem Mittagessen, wo ich von Paula und ihm eingeladen war und die Heilige Kommunion bringen habe dürfen.

Gerhard in seinem kleinen Auto im Dorf.

Und bei so manchem Begräbnis in den letzen Jahren,

freilich beim Begräbnis von Rosa, seiner jüngeren Schwester.

Traudl ist die ältere Schwester.

Gerhard ist also das zweitälteste von den Drei Geschwistern.

Vor 14 Tagen, am 5.12., hat Gerhard noch Geburtstag gefeiert, den 91.igsten.

Josef und Maria Flatz sind Eltern gewesen.

Grad in den Kriegsjahren ist Gerhard in Fischbach in die Schule gegangen und ist Bauer geworden und geblieben sein Leben lang.

Als Bauer ist er auch ins Holz gegangen, hat als Holzer geschafft und dabei in Kennelbach „Paula" kennen gelernt.

Im Februar 1958 habt Ihr geheiratet.

Vor zwei Jahre Goldene Hochzeit gefeiert.

Fünf Kinder habt Ihr aufgezogen:

Ilse, Helmut, Josef, Gerlinde und Wernfried und sechs brave und fleißige Enkelkinder sind da.

Der Opa hat sich gefreut an seinen Enkeln – besonders auch, wenn „Roman" gekommen ist zum Kartenspielen mit Opa...

Gerhard ist ein geborener Bauer gewesen, darum Mitglied beim Braunviehzuchtverein.

Und immer hat er mit Obst zu tun gehabt:

Kinder erinnern sich, dass Däta früher von einem Bauer zum andern gefahren ist mit der Schnapsbrennerei.

Nicht lange darauf, anfangs den 70 iger Jahren, ist Gerhard beim Aufforsten von Jungwald auf die Idee gekommen, dass man da Bäume setzen könnte, die in 10 Jahre schöne Christbäume abgeben.

Und so ist es auch gekommen.

Anfang 80 hat es die ersten gegeben..

und etappenweise sind es immer mehr geworden..

Heute freuen sich nicht wenige Alberschwender, dass man bei Flatz schöne Christbäume kaufen kann..

Das ist Gerhards Erbschaft.

Für diese Weihnacht hat Gerhard das Tännele schon ausgesucht gehabt vor etlichen Wochen.

Symbolisch steht es heute beim Sarg.

Und weil das mit „Wald" zu tun hat:

Ihr erzählt, dass Dätas Liebe vor allem dem Wald gehört hat,

seinem Wald … und der schönen Veahwoad unterm Haus,

wo er auf einer großen Lichtung auf einem Hügel eine ganze Vielfalt von Bäumen zu stehen hat.

Anlässlich von einem Fest hat er einmal ein Ratespiel organisiert: „Wer kann erraten, wie viele verschiedene Baumarten dort vertreten sind…?"

Gerhard ist viele Jahre Mitglied von der Feuerwehr gewesen.
Wo man 54 in Blons geholfen hat beim Aufräumen, ist Gerhard dabei gewesen.

Dann – Mitte siebzig – ist aus dem Haupterwerbsbauer ein Nebenerwerbsbauern geworden:
Gerhard hat damals angefangen, bei der Straße zu schaffen und ist 25 Jahr bis zur Pensionierung dabei geblieben.

Was Ihr Euch auch von Herzen erinnert:
An den Sonntagnachmittagen hätt er sich oft aufgemacht
für eine Fahrt mit Euch : mit Wernfried und Mama und...
...an Bodensee oder hinein bis zum Hochtannberg.

Seit etliche Jahren leidet Gerhard an der Parkinson:
Wie oft ist er in der Wohnung oder im Feld umgefallen, weil die Füße versagt haben: Das hat Paula viel Sorge gemacht. Er ist ja dann auch mitten in der Wohnung ohne Vorwarnung in eine Ecke gefallen und hat immer Glück gehabt, dass ihm nicht mehr passiert ist bei diesen Stürzen.
Jetzt vor wenigen Wochen hat er einen Leistenbruch erlitten und hat das Operieren lassen müssen.
Er ist wieder heimgekommen – noch halbwegs gut – aber letzten Freitag morgen hat Gerhard angefangen zu sterben.

Ich habe ihm noch die Letzte Ölung spenden dürfen.
Am Samstag Vormittag hat er den letzen Atemzug getan –
nach einer schweren Nacht.

Ihr sagt Dank an die Hauskrankenschwestern Rita und Brigitte und Annabel und Irmgard....

Aber ein unendlich großes „Vergelts Dir Gott" ruft Gerhard seiner Frau Paula zu.

Paula ist das Leben für Gerhard gewesen.

Ich persönlich habe Gerhard immer als einen liebenswürdigen, umgänglichen und bescheidenen und auch humorigen Mann erfahren. Und einen demütigen: Bei Gelegenheit hat er dann auch beichten wollen…!

„Hinscheiden – das währt nicht lange. Es bedeutet, die Erdenwelt zu verlassen, um in eine andere einzutreten. Das erst ist die wahre Geburt: geboren werden zu einem Leben, das niemals mehr enden wird. Dieses Leben aber ist Gott.."

Gebhard Spettel 2009

Gebhard ist am 3. Juli 1919 in Krumbach auf die Welt gekommen

Als eines von 5 Kinder von Berta und Josef Spettel.

Man sei arm gewesen, hütten-arm.

Noch in seiner Kindheit ist die Familie nach Sibratsgfäll gezogen.

Dort ist Gebhard   in den „Sömmer" als junger Älpler auf den Alpen

gewesen.

In den „Wintern" hat man beim Holzen ein kleines Geldli verdient und als

Knecht da und dort.

Und als Knecht ist Gebhard auch nach Alberschwende gekommen –...er

hätt damals in einem Herbst 47 ? einmal Vieh von der Alpe Rubach nach

Alberschwende bringen müssen auf Ahornach:

und zwar zu Lina, die damals schon verwitwete Gmeiner gewesen ist mit

4 Kindern und einer Bauernschaft.

1948 haben sie geheiratet.

Und Gebhard ist Bauer gewesen – und die Bauernschaft sei gewachsen

mit Vieh und Hof und Stall.

Aber- hat er einmal gesagt: Das alles ist nur möglich gewesen, weil die

großen Kinder mit ihrem Zahltag mitgeschaffat haben.

Und wir wissen : Drei solche große Kinder sind ja noch dazu gekommen!

Aus der Zeit hat Gebhard einmal von einer besonderen Wallfahrt erzählt:

Er hätt schon von klein auf Probleme gehabt mit einem schwachen

Herzen. Auch noch als junger Ehemann und Bauer..

Da hätt er sich gesagt: „Wenn die Welt nicht helfen kann, dann vielleicht

der Himmel!"

So sei er mit Lina einmal in einer Nacht zu Fuß nach Rankweil gepilgert -

und hätt von da an 50 Jahre keine Beschwerden mehr gehabt.

Neben dem „Bura" hat man Gebhard viele Jahr als Milchmesser gekannt
- für die Molkerei.

Und auch als Sammler ist er für die Caritas und andere Hilfen von Tür zu
Tür gegangen.

Lina ist ein Jahr nach der Goldenen Hochzeit gestorben:

Das war 1999, am 23.Juli.

Und Gebhard hat zu kämpfen gehabt, jetzt ohne Lina ein eigenes Leben
zu führen.

Aber rundum ist „Familie" gewesen mit den Jungen und das schöne
Bänkle vor dem Haus..

Was ihn vor allem getragen hat: Gebhard hat viele Stunden Rosenkranz
gebetet: „Psalter" muss man sagen.

„Wenn ich sonst schon nicht mehr nützen kann, dann kann ich doch
Rosenkranz beten für meine Liste", fügt er dazu und meint, für alle die
Mitmenschen, die er tatsächlich aufgeschrieben hat und besonders
einschließen will...

Gebhard hat manchmal auch kritisch sein können nach seinem alten
Denken!

Aber einmal sagt er kritisch gegen sich selber: Dass er endlich lernen
wolle, stiller zu sein... und mehr Verständnis zu haben und Geduld.

Dann ist es immer schwerer geworden für ihn und für die Familie.

Am 28. Juli, also kurz vor seinem 90 Geburtstag, hat Gebhard einen
schweren Schlaganfall erlitten, ist ins Spital gekommen –

vom Spital zuerst eine Woche ins Heim nach Schwarzenberg –

dann noch einmal eine Woche zu Berta.

Aber die Pflege, die da notwendig geworden ist, hat man daheim einfach
nicht leisten können und auch den heilsamen Abstand.

So ist er wieder nach Schwarzenberg gekommen,
in Alberschwende ist zu der Zeit kein Platz gewesen.

..Und Ihr seid dankbar, wie liebevoll und einfühlsam Gebhard in Schwarzenberger Altenheim aufgenommen worden ist.

Es ist für Gebhard regelrecht ein neues Daheim geworden -
und das auch für uns, die Familie, die wir jetzt zu Däta finden haben können wie vorher nie...
Es ist uns viel Last abgenommen worden, wo wir gesehen haben, dass wir es niemals so hätten machen können.

Wir sagen einen großen Dank an die Pflegerinnen und an den Leiter von dem Haus.
Und dann sagt Heidi, wo Opa nach seinem Sterben noch im Zimmer gelegen ist und seine Seele noch ganz nah:
Da ist alles erfüllt gewesen von Frieden und von Liebe.
Und der Goldschatz in seiner Seele, der ja bei uns allen oft von viel Wertlosem verschüttet ist: Das Gold hat man jetzt in Opas Gesicht strahlen gesehen.
Und es ist noch möglich gewesen, ein stilles Gespräch mit Däta zu halten über all das auch Schwierige, was zum Gemeinsamen Weg gehört hat.
Denn der Weg ist ja für uns alle noch zum Weitergehen und zwar „aufwärts"– mit viel Mühe und mit der Hilfe von unseren Verstorbenen....

Er: „..komm immer mehr voran, nicht mit deinen Kräften, sondern mit denen von mir, deinem Erlöser;
Steig höher als gestern und hab Vertrauen : Dein bescheidener Weg wird immer näher zu mir führen.."
(Näher mein Gott zu dir..)

Herlinde Jungblut 2023

Lieber Guntram, liebe Angehörige aus Tirol,
lieber Jakob, Freundinnen, Nachbarn, …Gemeinde,..

Ihr sagt: Alle Erinnerungen an Linda begleiten uns in vielen Momenten unseres Lebens und lassen uns wissen, dass sie in unserer Nähe bist..
und das ist möglich, ja, es kann nur so sein, weil der Herrgott möglich macht, dass sie in unserer Nähe ist…
Weil der Herrgott immer in unserer Nähe ist,
kann auch Linde nahe sein..

Wir – und vor allem Guntram - danken dem Herrgott, dass Linde alle diese Jahre sichtbar und spürbar in der Nähe gewesen ist,..
Es war so heimatlich, so wohltuend, so erbauend, so erfreulich, so tröstlich,...so..angenehm, in der Nähe von Linde zu sein..

Evgl. Lk 12,35-40

Nachdem ich von Guntram gehört habe, dass Linde 30 jahre in der Heidelberger Hütte als Bedienung gearbeitet hat, in der Silvretta auf der Tiroler Seite, habe ich das Evangelium nehmen müssen, wo verheißen wird, das Er uns der Reihe nach bedienen wird.
Eine davon ist jetzt Herlinde, nachdem sie ihr Leben lang da auf der Erde eine Dienerin war von Herzen.

Legt euren Gürtel nicht ab, und lasst eure Lampen brennen!

Geboren ist Linde in Zams in Tirol – 1954, mit ihrem Zwillingsbruder Christian. Heimat-Ort war **Hochgallmigg,** eine Parzelle von der Gemeinde Fliess – mit eigener Kirche und Friedhof.

Ähnlich Alberschwende Müselbach.

Die Eltern haben eine kleine Landwirtschaft gehabt.

in einem steilen Bühel oben..

Der Bruder ist schon 2011 verstorben.

Nach der Volksschule war sie zuerst verschiedentlich in der Gastronomie tätig. Unter anderem auch in einem Cafe in Ischgl.

Der Wirt von der Heidelbergerhütte muss dort öfter Gast gewesen sein,

Er hat Personal gesucht und hat „Linde" für die Hütte gewinnen können...

Und so ist sie dort zuerst als Zimmerfrau angestellt gewesen und dann als Bedienung...

Guntram erzählt: Linde war in der Heidelberger Hütte eine so gute und herzliche Bedienung, dass sie die „Seele" von der H.Hütte geworden ist.

Sie war zwar nicht die Wirtin, aber sie hat den „Laden" geführt..

Und der „Laden" hat immerhin 230 Betten und Platz für 300 Nächtigungen.

Ihr Tag hat um 5 Uhr früh angefangen.

Da sind ja die Fluchthörnern das Bergsteigerziel!

Aber auch im Winter ist es ein gefragtes Schitourengebiet..

Und dort in der Heidelberger Hütte hat Guntram die Linde kennen gelernt:

Wir werden fragen : Wie das?

Guntram ist als geprüfter Tourenführer viel unterwegs gewesen auch in der gesamten Silvretta! Guntram war oft mit Gruppen dort ... Alpenverein...auch Alberschwender...

Und weil er ja immer schon ein angenehmer Typ war, hat er der „Linde" so gut gefallen, dass sie ihm später nach Alberschwende nachgekommen ist.

Und umgekehrt natürlich genau so: Guntram ist immer öfter bei der Heidelberger Hütte zugekehrt…

Und weil sie einander so gut verstanden haben, und weil es so heimelig war, bei Guntram zu leben und nebenbei auch bei Jakob,

hat Linde 28 glückliche Jahre mit Guntram verbracht..

„Und weil sie auch eine hervorragende Köchin war, hat sie für uns Brüder nicht nur den Haushalt geführt, sondern auch für uns Zwei prima gekocht…“.

Was noch zu erinnern ist: Linde hat dann noch in Schönebach serviert beim Egender … und hat in der Jugendherberge in Bregenz geholfen.

Beste Freundin war die Nachbarin Sabine Troy.

Aber immer war Linde stark verbunden mit ihrer Tiroler Heimat..

Drum ist sie im Jahr 1986 zur Fahnenpatin der Schützenkompanie „Hochgallmig“ gewählt worden..

Aber dann hat sie das Alter eingeholt.

Linde hat einen Herzinfarkt erlitten und einen Schlaganfall.

Ein Fuß war von da her teilweise gelähmt.

Und es ist eine Lungenkrankheit dazu gekommen:

Sie hat immer öfter unter Atemnot gelitten, hat zeitweise Sauerstoffe gebraucht.

Aber fast bis zuletzt war sie - wie alle die Jahre davor - unsere wunderbare Hausmitte..

Erst mit dem Spitalsaufenthalt hat sie radikal abgebaut.

Selig die Knechte und Mägde, die auf die Rückkehr ihres Herrn warten..und die ihm öffnen, sobald er kommt und anklopft..

Linde hat auf sein deutliches Klopfen geöffnet.

Eine starke Lungenentzündung im Spital in Dornbirn führt am 21.Jänner

zum Tode.

Davor lag sie 10 Tage lang im Koma.

Guntram war viele Stunden Tag und Nacht bei ihr.

Er:

Was für eine Rolle spielt es, was dir geschehen kann,

da du mein Geschöpf bist und dein Weg über die Erde in ein Leben

ohne Ende einmünden wird? Alles führt dich dorthin..

Sterben heißt: zu Gott kommen, denn indem du dich verlierst, wirst

du Ihn finden..

Anton Hillebrand 2023

Anton wurde am Heiligen Abend 1931 als drittes Kind seiner Eltern Gebhard und Agatha Hillebrand in Dornbirn geboren.

Sein Vater ist in der Nähe von Tettnang aufgewachsen.

Er war von Beruf Bäcker und kam 1911 auf der Gesellen-Wanderschaft zur Bäckerei Max Danner in Dornbirn, wo man ihn sein Leben lang als „Danners Beck" kannte. Seine Mutter kam aus einer Bauernfamilie in der Hinterachmühlestraße.

Mit den Eltern und seinen Geschwistern Josef und Elisabeth hat er damals in recht ärmlichen Verhältnissen gewohnt.

10 Jahre haben die 5 Personen in kleinen Zweizimmerwohnungen gelebt, zuerst noch im Haus seiner Großeltern in Dornbirn Hatlerdorf.

Die Familie ist dann mehrmals umgezogen, einmal weil das Mehrparteienhaus, in dem sie wohnten, im Jahr 1940 durch einen Brand zerstört wurde.

Nach der Hauptschule ist Anton sofort ins Berufsleben eingestiegen.

Am 8. Juli 1946 hat er die kaufmännische Lehre bei der damals hoch angesehenen Dornbirner Gemischtwarenhandlung F. J. Hollenstein begonnen und während der dreijährigen Lehrzeit die kaufmännische Berufsschule in Dornbirn besucht.

Nach Abschluss der Lehre und der „Kaufmannsgehilfen-Prüfung" ist er als kaufmännischer Angestellter noch fast neun Jahre geblieben.

Bei dieser kleinen Firma gab es aber praktisch keine Möglichkeit sich beruflich zu verbessern, deshalb wollte er sich eine Büroarbeit in einer größeren Firma suchen.

Zuerst besuchte er noch verschiedene Fachkurse in Maschinschreiben, Steno und Buchhaltung, um seine kaufmännischen Fähigkeiten zu erweitern. Die Krönung dieser Kurse war der Bilanzbuchhalter-Kurs, den er etwa ein Jahr lang zwei bis drei Abende in der Woche besucht und mit der bestandenen Bilanzbuchhalterprüfung abgeschlossen hat.

Am 1.4.1955 hat Anton dann zur Firma I.A. Fussenegger in der Gütlestraße in Dornbirn gewechselt - ein Baugeschäft mit Sägewerk, Holzindustrie, Zimmerei, Schreinerei und Holzhandel, wo er dann auch bis zu seiner Pensionierung geblieben ist. Dort konnte er sich vom Anfänger in der Buchhaltung bis zum Prokuristen hocharbeiten.

Damit konnte er auch seine Eltern unterstützen und dazu beitragen, dass sich die Wohnverhältnisse für sich und seine Eltern stetig verbessert haben.
Nach einigen Umzügen konnte Anton einen Baugrund in Dornbirn Mühlebach kaufen und hat 1965 mit dem Bau eines Zweifamilienhauses für sich und seine Eltern begonnen.
Anton war handwerklich immer sehr geschickt und obwohl man es ihm nie angesehen hat, konnte er auch körperlich hart arbeiten.

Er war ein Mensch, der sich nicht gern hat helfen lassen und hat deshalb auch immer alles, was er selber machen und erledigen konnte, selber gemacht. So auch beim Hausbau.
Neben seiner Arbeit als Buchhalter war er deshalb jeden Tag früh morgens und auch noch bis spät abends auf dem Bau.
Im Herbst 1966 konnte er mit seinen Eltern einziehen.

Allerdings hat Anton dann nicht einmal 2 Jahre lang im selbst gebauten Eigenheim gewohnt, denn kurz danach hat er beim Tanken in Alberschwende seine spätere Frau Emmi kennengelernt, die zusammen mit ihrer Mutter die Gemischtwarenhandlung „Kaufhaus Winder" in ihrem Elternhaus geführt hat, bei der auch eine Tankstelle angeschlossen war.

Als die beiden am 12. Juni 1967 geheiratet haben, ist Anton deshalb zu Emmi nach Alberschwende gezogen.
Neben der hauptberuflichen Tätigkeit bei der Firma I.A. Fussenegger hat Anton nebenberuflich auch noch die laufenden Buchhaltungsarbeiten für mehrere kleine Firmen in Dornbirn und Lustenau gemacht.

Nach der Heirat hat er diese Nebenbeschäftigungen aufgegeben und stattdessen die Buchhaltung für das ADEG-Geschäft von Emmi übernommen und war durch die Mitarbeit im Geschäft an den Samstagen und die Buchhaltung in den Abendstunden ausgelastet.
Die Gartenarbeit war für ihn eine willkommene Erholung nach der langen Büroarbeit.

Auch an Emmis über 100 Jahre altem Haus hat er immer wieder verschiedene Renovierungsarbeiten selber verrichtet.
Keine Aufgabe war ihm zu schwer und er konnte fast alles selber machen.

1969 wurde Anton nach dem pensionsbedingten Austritt seines damaligen Bürochefs zum Bürochef und Prokuristen befördert.
Damit war er über 22 Jahre lang für das ganze Rechnungs- und Finanzwesen der Firma Fussenegger verantwortlich.

Mit der Geburt von Karin 1972 und Dieter 1974 war das Familienglück komplett.

Anton war ein sehr genügsamer und sparsamer Mensch, nur einen Badeurlaub an der Adria hat er sich und Emmi fast jedes Jahr gegönnt. Als Karin und Dieter alt genug waren, wurden daraus Familienurlaube.

Als Emmis Mutter in den frühen 80er Jahren zunehmend pflegebedürftig wurde, haben sich Anton und Emmi entschlossen, das Geschäft zu verpachten und mehr Zeit für die Familie zu haben.

Eine längere Urlaubsabwesenheit war mit der Betreuung von Emmis Mama nicht mehr so einfach, deshalb hat Anton 1982 in Fußach am Bodensee ein kleines Wochenendhaus und ein kleines Boot gekauft, wo er mit der ganzen Familie über Jahrzehnte viele schöne Urlaubs- und Badetage in unmittelbarer Nähe verbracht hat.

Das Wandern war eines seiner liebsten Hobbys. Mit seinem Bruder Josef und dessen Frau Else hatte Anton immer einen engen Kontakt und beinahe jeden Sonntag haben sich die Brüder mit ihren Familien zum Wandern getroffen, meistens in den Bergen von Dornbirn oder im Ebnit. Bei schlechtem Wetter und auch später im Alter haben sie stattdessen gejasst.

Gejasst hat Anton für sein Leben gern und sogar in den letzten Jahren seiner Demenzerkrankung, als er sonst fast nichts mehr tun und auch kaum noch die Karten halten konnte – Jassen ging noch.

Nach seinem Eintritt in die Pension am 1.1.1992 ist ein neues Hobby dazugekommen. Als Abschiedsgeschenk nach 36-jähriger Firmenzugehörigkeit hat Anton von seinen Arbeitskollegen ein Trekkingrad bekommen, mit dem er viele tausend Kilometer gefahren ist. Anfangs hat er sich noch gescheut, eine weite Strecke wie „rund um den Bodensee" zu fahren.

Im Juni 1996 ist er dann mit 64 Jahren erstmalig rund um den Bodensee geradelt. Er ist um 4 Uhr aufgestanden, mit dem Auto bis nach Fußach gefahren und von dort mit dem Fahrrad losgefahren. Auf der ca. 125 km langen Strecke hat er sich kaum verfahren oder Umwege gemacht und war nachmittags um 3 wieder zurück in Fußach.

Er war von dieser Rundfahrt so begeistert, dass er sie von da an mehrmals im Jahr und insgesamt über 30 Mal gemacht hat – und das noch fast bis zum 80. Lebensjahr.

Bei den Seniorennachmittagen des Seniorenbundes Alberschwende hat Anton viele Nachmittage beim Jassen verbracht. Sein Highlight war aber immer das Wanderprogramm. Er hat kaum eine der geführten Wanderungen ausgelassen und war bei weit über 100 Wanderungen dabei, bis es ihm körperlich zu anstrengend wurde.

Von 1994 bis 2003 war er Schriftführer und von 2003 bis 2011 Kassier des Alberschwender Seniorenbundes. Für seine 17-jährige Tätigkeit als Funktionär hat er 2011 die Ehrenmitgliedschaft beim Seniorenbund Alberschwende, sowie die Goldene Ehrennadel vom Österreichischen Seniorenbund erhalten. Im 80. Lebensjahr hat er seine Funktionärs-Tätigkeiten beendet.

Für einen weiteren Zeitvertreib hat die damalige Pfarr-Sekretärin Roswitha gesorgt: Dem früheren Pfarrer Walter Schwab haben seine Hühner das Rasenmähen erspart.

Als unser Pfarrer Mag. Peter Mathei 1995 nach Alberschwende gekommen ist, wurden im Pfarrgarten aber keine Hühner mehr gehalten, deshalb wurde Anton vom Pfarrer gebeten, einen Rasenmäher für das Pfarramt zu besorgen und den Rasen zu pflegen. Von da an war Anton also 14 Jahre lang auch der Rasenmäher im Pfarrgarten.

Während der Restaurierung unserer Pfarrkirche von 1998 bis 2006 war Anton Mitglied im Finanzierungs-Ausschuss und leistete zudem auch noch viele ehrenamtliche Stunden bei allen möglichen Restaurierungs-Arbeiten.

Seit Oktober 2000 machte er zusätzlich noch verschiedene Hausmeister-Arbeiten im Pfarrheim, wie z.B. die Betreuung der Heizungs-Anlage und der Beleuchtung.

Ab dem Jahr 2000 war er auch 9 Jahre lang Rechnungsprüfer beim Krankenpflegeverein Alberschwende.

Anton war sein Leben lang nie im Krankenhaus, bis er sich im Jahr 2011 einer kleinen Augenoperation unterziehen musste und erstmalig in seinem Leben für 8 Tage stationär ins Krankenhaus musste. Dies ist in seinem über 91-jährigen Leben auch der einzige längere Krankenhausaufenthalt geblieben.

Etwa zu dieser Zeit machten sich aber auch die ersten Spuren seiner Demenzerkrankung bemerkbar. Mit dem fortschreitenden Alter wurden diese leider immer deutlicher.

Obwohl er durch seine Erkrankung geistig immer stärker abgebaut hat, ist Anton körperlich noch lange fit geblieben und Emmi konnte ihn noch viele Jahre alleine versorgen.

Erst vor etwa 2 Jahren ist der Pflegeaufwand immer größer und die körperlichen Einschränkungen sind schwerer geworden.

Emmi konnte das nicht mehr alleine bewältigen und mit Ramona und Constanta hat er eine äußerst liebvolle und fürsorgliche Pflege im eigenen Zuhause bekommen.

Eva vom Mobilen Hilfsdienst hat Emmi im Haushalt geholfen und war ihr eine sehr wertvolle Gesprächspartnerin, als mit Anton die Kommunikation immer schwieriger wurde.

Christiane und Anna vom Mohi haben Anton mehrmals in der Woche besucht, um mit ihm zu spielen, zu jassen oder spazieren zu gehen.

Als auch der medizinische Pflegeaufwand größer wurde, waren auch Rosmarie, Brigitte, Annabel und Tanja vom Krankenpflegeverein eine wertvolle Stütze mit ihrer kompetenten Beratung und der regelmäßigen Versorgung von Anton.

Sie alle haben ermöglicht, dass Anton seinem Wunsch entsprechend bis zuletzt zuhause versorgt werden und auch immer wieder Nachmittage in seinem geliebten Garten verbringen konnte.

Seit Dezember 2022 hat sich Antons Gesundheitszustand mehr und mehr verschlechtert und die letzten 4 Monate sind auch sehr belastend für ihn geworden.

Am Abend des 4. April 2023 ist er von seinem Leiden erlöst worden und durfte im Beisein seiner Familie und seiner Pflegerin Constanta nach dem Empfang der heiligen Sterbesakramente einschlafen.

Drei Säulen haben Anton in allen Lebenslagen gestützt und ihm Auftrieb und Energie gegeben: Der Glaube, seine Familie und sein Beruf.

Dr. Georg Hinteregger, Gemeindearzt

Lieber Herr Pfarrer Mathei !

Ihr spontaner und freundlicher Brief vom Sommer hat mich tief berührt und auch beschämt. Die kleinen Geschenke sollten
ja nur der Versuch sein, Ihnen ein geringes „feedback" für alle ihre unbedankten und nicht beachteten Tätigkeiten zu geben.

Wir haben ein großes Leid in unserer Familie. Unsere 39 jährige Tochter Irmgard ist an einem Brustkrebs erkrankt.
Ihr 4.Kind, Michaela, haben Sie im vergangenen Sommer liebenswürdigerweise eigens in der Merbodkapelle getauft.
Meine Frau und ich waren 3 Monate in Oberösterreich zur Aushilfe.
Irmgard wurde 3 mal operiert und erhielt 34 Rö-Bestrahlungen
in 6 Wochen. Ich habe sie immer von Ottensheim in die
Rö-Therapiezentrale nach Linz gebracht. Die Atmosphäre in diesem Betrahlungskeller ist so bedrückend. Ich hatte großes Mitleid mit allen Patienten.
Solschenizyn beschreibt in seinem Buch „Krebsstation" so eine Situation sehr treffend.
In der Furche wurde bei einem Essay-Wettbewerb ein Aufsatz mit demTitel: „Das Gebet in Zeiten der Not wird Gott nicht gerecht" preisgekrönt. Wir beten jedoch gegen alle Hoffnung. Darf ich Sie, Herr Pfarrer,um ein Memento bitten. Nun genug des Jammers.

Für die kommenden Weihnachtstage wünsche ich Ihnen jeden Segen Gottes und ein friedvolles und gesundes Neues Jahr.

Mit freundlichen Grüßen u.Dank

Ihr Hinteregger Georg

Dornbirn 17.12. 01.

Wilma Bereuter

Am 6.Februar 1947 ist Wilma auf die Welt gekommen auf Ahornach.
Als zweites von sechs Kindern der Eltern Paula und Adolf.

In der Bauernschaft in der „Mulde" am Ahornach ist Wilma aufgewachsen
mit ihren Geschwistern und auch wie ihre Geschwister..
Wir sagen: Wilma ist aufgewachsen wie ihre Geschwister, obwohl sie
doch von Anfang an ein kränkliches Kind gewesen ist; ein Mal sogar nahe
am Sterben...
Aber sie sei gern in die Schule gegangen: Lesen und Schreiben und
Rechnen gelernt.
Einmal, so erzählt Ihr, hätt der Lehrer Geser sie hinausgestellt vor die
Klassentüre. Wilma muss das als ganz ungerecht empfunden haben: Sie
sei schnurstrack heimgangen!

Als Moadle ist Wilma daheim eine gute Hilfe gewesen.
Und sie ist bei Mama und Papa geblieben, wo die anderen ausgeflogen
sind.

Im Jahr 85 ist sie dann mit den Eltern nach Weitloch gezogen.

Im Jahr 1991 ist Vater Adolf gestorben –
und von da an ist Wilma bei Mama Paula gewesen – und umgekehrt auch:
Mama bei Wilma.
Wie wir alle wissen, was für ein wunderbares Gespann die Zwei gewesen
sind – und bleiben.
Es hätt sich nicht besser fügen können...
Wilma hat - das kann man sagen ohne zu übertreiben – ein schönes
Leben gehabt zusammen mit der Mama.

Ein schönes Leben, weil sie doch zuallermeist glücklich sein hat können,

glücklich in ihrer Einfachheit und in ihrem tiefen Zufrieden-sein.

So ist es kein Wunder, dass alle Goba von der ganzen Familie die Wilma

ross „möga hon", weil umgekehrt die Wilma eine große Liebe zu den

Kinder gehabt hat: Bei den Besuchen hätt sie allig gleich gefragt: Wo

sind die Kinder?? Buaben??

Was hat Wilma besonders gern tun mögen?

Eines sei gewesen: Radio-Hören und Bändle und CD.

Ein so ein Bändle hat sie einmal dem Erich zum Geburtstag geschenkt:

Sie hätt draufgeschrieben: „Für Erich - zum „Losen"..

Und - ein halbes Leben lang hat Wilma Socken gestrickt:

hunderte Söck ! Alles hat Söck bekommen von Wilma.

Und vor allem, wenn dann wieder ein Poppili da gewesen ist.

Von Mama Paula hat es jeden Monat 25 Euro Sackgeld gegeben:

Was hat sie gekauft damit? Wolle! Große Pack Wolle zum Söck Stricken.

Wilma hat auch Urlaub gemacht und zwar viele Sommer immer

14 Tage auf der Alpe Hochriess bei Sibratsgfäll, wo sie dann mit Freude

in die Heidelbeer gegangen sei...

Die größte Freude aber hätt Wilma gehabt, wenn sie etwas schenken hat

können, andern eine Freude machen.

„Do, a Schoki zum Vertoala!" - sei sie noch ins Zimmer gekommen, wenn

sie nach einem Besuch am Gehen gewesen ist.

Und Zum Weltspartag hat es für die Kleinen ein Säckle Münz gegeben.

Eine kleine Episode von Wilma habt Ihr noch erzählt:

Die hat es zu tun mit dem Pfarrer – also in dem Fall mit mir –

und hat zu tun damit, dass ich 5 Jahre im „Haus Lässer" zum Morgen bei „Anna" gefrühstückt habe.

Nach nach einem Gang ins Dorf sei Wilma heimgekommen und hätt der Mama ganz aufgeregt erzählt:
„Mama, stell dir vor: der neue Pfarrer ist heute um 8 am Morgen schon beim Gasthaus Lässer herausgekommen...!"

Auf einem ganz ähnlichen Gang ins Dorf ist Wilma auch vorgestern unterwegs gewesen: Zum Doktor Tablette holen und dann noch ein bisschen auf Besuch bei Geuzes Marianne, bei der sie so gern zugekehrt ist.
Vorher hätt sie daheim noch eine Erdäpfelsuppe gemacht: Falls es länger geht, hat man schon vorgekocht.

Wilma ist gestorben, wo sie unterwegs gewesen ist, unterwegs für einen Dienst. Ist sie nicht oft unterwegs gewesen für kleine Dienste..?
Es ist ihr die Gnade von einem schönen Tod zuteil worden.
In einem einzigen Augenblick ohne Schmerz aus der Welt gehen.
Mama Paula sagt: „...so gnot ist sie in Himmel gegangen.."

Da heißt es in meinem Büchlein:
„Bereitet den Himmel vor, wie man ein Fest vorbereitet..
Die Kränze für dieses Fest? Die werden aus den täglichen, aus Liebe vollbrachten Taten gewunden.."
Wilma hat in aller Stille viele solche Kränz gewunden.

Katharina Maurer

**...Vater, ich will, dass alle, die du mir gegeben hast, dort bei mir sind,
wo ich bin.
Sie sollen meine Herrlichkeit sehen...**

Das ist es, was wir heute besonders für Katahrina glauben, ja wissen:
Dass sie zu denen gehört, die „dort sind, wo Er ist...
und dass sie Seine Herrlihckeit sieht.."

Die Herrlichkeit, die sie wohl auch in den letzten Monaten irgendwie
gesehen hat, wenn sie am Stubenfenster gesessen ist und viele Zeit
hinausgeschaut hat auf Alberschwende und aufs Brüggele und in den
„Wald" hinein..., weil sie nichts mehr tun hat können als nur noch aushalten
und erleiden.

Das letzte Mal bei der Heiligen Kommunion und der Kranksalbung, - auf
Erikas Anruf - vor 14 Tagen - da ist sie so an dem Fenster gehockt..
Antwort geben hat sie nur noch mit einzelnen leisen Worten können.
Sie war ernst und dankbar und bereit.
1926 ist Katharina geboren worden, am 21. August.
Franz und Katharina sind die Eltern gewesen. Sie war die zweitälteste
von Fünf Geschwister.
Lina war die älteste, dann Katharina, Franziska, Rebecca und Franz, die
letzeren Zwei sind unter uns.

Mama ist von Reutte gekommen. Däta Franz sei an richtige Mächler
gewesen, hätt alles können. Vor allem hätt er jahreweise Drainagen
ausgehoben.

Nach der Schule ist Katharina in zwei Haushalten gewesen:
beide Male als „Mädchen für alles".
In Lustenau bei der Metzgerei Brantl, wo sie für Familie und Geschäft
gearbeitet hat.
Und dann über viele Jahre bei der Fahrschule Schneeweiß in Bregenz;
das erinnert sich Erika, dass sie oft mit Mama dort gewesen ist.

Im April 48 ist Katharinas erster Mann an den Folgen von schwerern
Kriegsverletzungen gestorben.
17 Jahre später - 1965 - haben Katharina und Benedikt geheiratet
in Bregenz - mit Pfr Reichart.

In diesen Jahren und Jahrzehnten hat Katharina „ Heimarbeit" gemacht.
Tag und Nacht hätte sie ausgeschnitten und nachgestickt.
Man hat doch einiges Geld auszahlen müssen.
Immer Pünktlich zum Termin hat sie die fertige Ware abgeliefert bei den
zwei Frauen im Riedmannhaus, der Frau Augsburger…,
die noch manchen von euch in Erinnerung sein wird.

Vielen Kirchgängern wird auch noch in Erinnerung sein, dass Katharina
durch Jahrzehnte die Kirche und die Merbodkapelle geputzt hat. 28 Jahre
die Kirche. 30 Jahre Merbod.
Gebhard und Anna Rusch seien dann auch dabei gewesen.
Gebhard hat Wasser getragen.
Bis Katharina dann im 80 iger Jahr einen Gehirnschlag erlitten hat.
Sie habe sich zwar gut davon erholt, aber ist nicht mehr Putzen gegangen.

Für die Enkelkinder ist Katharina eine „Oma" gewesen wie aus dem
Bilderbuch, wie aus Märchen. Sie hat Kinder immer schon sehr mögen,
habt Ihr erzählt.

Bei den Brantls in Lustenau habe man zu ihrem 18. Geburtstag eigens 18 Kinder zur Feier organisiert.

Oma ist unendlich hilfsbereit gewesen: Oft sei sie auch ins Altersheim auf Besuch gegangen, vor allem zu ihrer Kusine Anna Flatz.

Im unteren Stock im Haus hat Franziska gewohnt.

Den Sohn Karl Heinz habe sie wie ein eigenes Kind gehabt, nachdem Franziska 72 schon gestorben ist.

Die letzten Jahre und vor allem die letzten Monate und Wochen sind schwer gewesen für Katharina.

Lange Zeit hat sie große Atembeschwerden gehabt.

Tag und Nacht hat sie Sauerstoff gebraucht.

Sie hat sich vollkommen ergeben. Und immer ist sie gastfreundlich gewesen, mitten in ihrer Not. –

Wenn der Mensch so aufs Ende zugeht, wird er für die andern immer mehr ein Bild für die Wahrheit vom „Mensch-sein".

Bei aller Schwere ist es doch unendlich heilsam, so eine Kranke und Sterbende wie Katharina in der Familie zu haben.

Die Familie, die Enkel und allen voran Erika haben sich mit allen Kräften um sie gesorgt, auch dafür, dass sie immer wieder die Stärkung der heiligen Sakramente bekommen hat.

Die Atemnot ist in der letzten Zeit zurückggeangen: Man hat die richtige „Einstellung" finden könenn mit den Medikamenten.

Es ist die leise, aber auch verständliche Frage aufgekommen:
Hat sie denn das verdient? So ein beschwerliches Ende?
Eine Antwort ist gewesen:

Genau auf dem Weg hat Katharina ihre letzte Heiligung erfahren,- hat ihren letzten und äußersten Gehorsam bewiesen, ist sie ganz bereit und vollkommen geworden für die Ewigkeit.

Irma Scheider 2011

Ich habe dieses Evangelium gewählt, weil Irma so ein Mensch gewesen
ist: Sie hat ihre Lampe brennen lassen und den Gürtel nicht abgelegt.
Sie ist „wach" gewesen und hat Ihm bei Seinem „Anklopfen" sofort
aufgemacht.
Wahrscheinlich ist sie auch darum so gewesen, weil sie   ein
Weihnachtskind ist : Am 24.12. ist ihr Geburtstag, 1933.

Die Eltern waren Margret und Ludwig Spettel am Bühel.
Die Geschwister : Hubert, der mit 20 im Krieg gefallen ist.
Dann Oliva, Rosina, - Irma.

Als großes Moadle ist Irma auf „Saisonen" gegangen:
Am Körbersee oder in Damüls „Valesgaden".
Im Sommer bei der Firma „Elastisana".
Dann auch draußen im „Sternen".
Und daheim zum Heuen.
Später hat sie Heimarbeit übernommen mit „Ausschneiden".

1960 haben Irma und Heribert geheiratet –
hinein ins „Hoamat" in der „Reute".

Die Kinder sind gekommen.
Margot, Bertram, Helmuth, Kuno, Birgit.

1981 ist man umgezogen hinaus nach Lanzen – ins neue Haus.
das Heribert mit Irma gebaut hat.
In diesen Jahren, so erinnert Irma, hat sie wenigstens 5 Jahre
die Mama in der Pflege gehabt.

Sie ist 1984 gestorben.

Däta Ludwig 1967.

Zum Sterben von Mama hätt man mit dem Pfarrer „Großer Gott" am Bett

gesungen.

Das hat sie auch für sich selber gewünscht:

Das habt Ihr dann auch getan...

Und das tun wir am Schluss von der Messe noch einmal.

In Irmas Lebenslauf gibt es keine großen Erlebnisse:

Die Geburten und das Hausbauen und das Umziehen und Mama pflegen

und dazwischen hinein die Nachbarin Fany -

und das tägliche Leben mit der Familie:

Das alles sind schon „große Erlebnisse..".

Viele Fotos gibt es vom Wandern mit Mama und Papa.

Der Garten ist Irmas Reich gewesen - und der Haushalt, den sie jahraus-

jahrein still und gewissenhaft geführt hat mit Putzen und Wäsche und

Bügeln, mit Nähen und Kochen und Einkaufen und

auch mit dem Heuen im Sommer.

Freude hat Oma gehabt mit den Enkelkinder:

Mit Jonas und mit Andre und Manuel und mit Linus.

Und auch Emil, den Jüngsten, hat sie noch gesehen.

Dann hat ihr Leidensweg angefangen.

Anfang März sagt sie:

„Nächste Woche kommt der Befund wegen der Lunge. und dann werden

wir sehen..

Ich bin voller Hoffnung. Man darf die Hoffnung nicht aufgeben.."

Einen Monat später sagt sie:

„In zwei Monaten muss ich sterben.

Man hat mir von Chemotherapien eher abgeraten.

Drum will ich auch keine.

Ich bin bereit, wenn Er mich ruft..

Aber ich tät noch so gern ‚Schieter biega' und Kocha und Tua..

und es tät mi brucha..!"

Wieder später sagt sie:

„Ich leb jetzt von Heute auf Morgen....

Ich kann keine Pläne machen…,weil man nicht weiß.."

Schmerzen hat sie keine.

Das Palliativteam kommt heim zum Punktieren.

Fast zornig sagt sie :

„Ich will des net hören, wenn man sagt: Gute Besserung!

Es kann bei mir keine Besserung geben...

Es geht mir gut! Ich bin zufrieden. Ich habe keine Schmerzen..."

Bis zum Juli ist Irma daheim.

Dann ist Birgit krank geworden; hat die Pflege nicht mehr fortsetzen können.

So ist Irma hinauf zur Familie von Margot und Peter gekommen nach Altenstadt.

„Ich lebe noch!" sagt sie humorig. „Obwohl ich nach den Dökter schon gestorben wär!"

In all diesen Wochen bis zuletzt steht sie zum Essen auf und zur Toilette.

„Bei Margot und Peter und den Buben bin ich gut aufgehoben“.

Jeden Monat die Heilige Kommunion und Krankensalbung.

Dann kann sie nur noch auf der linken Seite liegen, weil nur noch die

rechte Lunge funktioniert.

„Ich muss meine Familie trösten.

Zum Begräbnis will ich, das man Großer Gott singt!“

Vor 14 Tagen: „Jeder Tag ist geschenkt...“

Aber immer noch – wenn auch mit Mühe:

Duschen am Morgen....Zum Essen in die Küche gehen...

Anfang der Woche noch einmal ein „Hoch“:

Das sei wohl die „Letzte Güte, “sagt sie selber.

„Betet, dass ich nicht mehr schnaufen muss..“

Mittwoch Nachmittag ist Irma gestorben.

Er: Der Tod führt zum Leben.

Der Tod ist die Stunde vom größten Vertrauen..

Es ist die Wahre Geburt.

Wolfgang Morscher

Lied: Günter Hopfner.

Begrüßung:

„Und die Welt dreht sich weiter, als wäre nichts geschehen, doch es gibt
ein paar Herzen, die vermissen dich sehr..“.
So ist es ja eigentlich bei jedem Menschen:
auch bei Menschen. die eine große Rolle gespielt haben im weltlichen
Sinn.
Wolfgang hat in diesem öffentlichen Sinn kein große Rolle gespielt.
Aber vor dem Herrgott hat er die Rolle gespielt, die ihm zugedacht war..
Und – wie Ihr beschreibt – hat er sich sehr bemüht, seine Rolle treu zu
spielen: Vor allem, auf Johanna zu schauen.

„Die Welt dreht sich weiter, als wäre nichts geschehen, wenn wir
gegangen sind..
doch es gibt ein paar Herzen, die dich sehr vermissen..“
Der Herrgott wollte aber, dass du heimgehst...

Evangelium, Ansprache

Wenn ich gegangen bin und einen Platz für euch vorbereitet habe,
komme ich wieder und werden euch zu mir holen, damit auch ihr drot seid,
wo ich bin..“

Auf der Erde sind wir in der Fremde, erinnert uns der Hl Paulus.
Der Himmel ist das wahre Daheim.
Im Tod werden wir heimgeholt, von Ihm heimgeholt.

Und wenn wir da auf der Erde so sehr ein Daheim uns ersehnen und schaffen :

Es heißt: Die Sehnsucht nach einem Zuhause ist euch gegeben für ein ewiges Daheim....

Für Wolfgang war das irdische Daheim in Götzis.

Er ist am 31.3. 1949 geboren – als eines von 13 Kindern.

Sieben Brüder und fünf Schwestern.

Weil Oma und Opa ganz in der Nähe vom Elternhaus gewohnt haben, ist Wolfgang praktisch bei seinen Großeltern aufgewachsen. Erst wo der Opa gestorben ist, ist er wieder ganz zurück zu den Eltern.

Er ist in Götzis in die Schule gegangen.

Wo er dann aber einberufen worden ist zum Präsenzdienst,

da ist Wolfgang abgehauen und hat sich im Dachboden von ?? versteckt:

Über Tage hat das niemand bemerkt

Nur der Vorrat im Kühlschrank war ungewohnt schnell dahin..

Wo man ihn dann entdeckt hat, ist er wieder geflohen : Er hat sich als Blinder Passagier (Flughafen Zürich?) in der Rad-Anlage von einem Flugzeug versteckt – und ist irgendwo in Europa gelandet.

Ihr wisst nicht wo.

Daraufhin hat man ihn einsperren müssen...

Aus der Zeit der 70iger Jahren wissen wir eines – und das ist ja das Wichtigste: Dass er verheiratet war mit seiner ersten Frau und dass sein Sohn Harald damals auf die Welt gekommen ist und dass die Familie sich freut, dass er heute dabei ist !

Dann kommt die Zeit mit Johanna-Elisabeth und Alberschwende-Tannen.

Johanna stammt zwar aus Wien, aber in Schwarzach haben sie sich kennen gelernt.Im Mai 85 hat er Johanna geheiratet – und im Herbst sind sie in Tannen ins neue Haus eingezogen, wo er einen Baugrund hat kaufen können.

Ich habe gefragt: Woher hat Wolfgang das Geld gehabt zum Bauen ?

Eure Antwort: Vom Schaffen.

Und zwar auf einem Kiesschiff am Bodensee.

Und ich frage : Was hat er da genauer gemacht ?

Er war Steuermann!

Und Steuermann hat er sein können, weil er das Schifferpatent gemacht hat, also den Führerschein für Frachtschiff.

Ihr erinnert Euch noch, wie Ihr die erfolgreiche Prüfung gefeiert habt.

Später hat er dann als Baggerfahrer das Geld verdient – u. a. bei der Firma Dolt in Hohenems.

Was aber Ihr, vor allem seine Neffen so bewundert habt an Eurem Onkel: Er ist ein Technik- und Elektronik-Genie gewesen!

Ausführlich habt Ihr erzählt z.B. von dem Rasenmäher, den er selber konstruiert und zusammengebastelt hätt: Ein großer Rasenmäher mit Fernbedienung!

Sieben oder acht Mal hätte er den Rasenmäher auseinander genommen und wieder zusammen, bis er funktioniert hat!

Damals hätt er voller Stolz seinem Schwager per E-Mail ein Foto geschickt von dem selbstgebauten Rasenmäher.

Was! sage ich, per Email geschickt? Hat er das denn können?

Und ob. Onkel Wolfgang ist auf dem Computer echt gut gewesen.

Oder Ihr erzählt von dem Hubschrauber, den er gebastelt hat!

Oder die Kamera vor dem Haus und die Wasserableitung..!

Was aber sein ganz spezielles Hobby gewesen ist:

Das war das „Sternen-Schauen"!

Seit Jahrzehnten betrachtet Wolfgang mit einem großen Teleskop den Sternenhimmel..Oder kann zu einem Kollegen gehen, der noch größere Teleskope hat. Der Schwager erzählt, dass Wolfgang ein richtiger Amateur-Astronom gewesen ist und dass er sich sehr gut auskennt am Sternenhimmel !

Woran sich aber Rita gern erinnert: Die vielen netten Besuche von Onkel Wolfgang – zusammen mit Johanna!

Dem Dietmar ist er Firmgöti gewesen.

Und Wolfgang hätte so wunderbar spielen können mit seinen damals noch kleinen Neffen.

Eine Gaudi hätten sie gehabt, wenn sie dem Onkel dann die verschiedensten Frisuren verpasst haben.

Johanna: „Lasst doch den Wolfgang sein!"

Neffen: Lass doch den Onkel „Onkel" sein!

Was Ihr aber vor allem festhalten wollt: Wolfgang hat sehr gut auf Johanna geschaut. Alles hat er für sie getan hat..

In diesem Rück-Blick auf Wolfgangs Lebenslauf wird uns bewusst:

dass unsere Lebensläufe unendlich verschieden sind, unvergleichbar !

Angefangen mit unserer Herkunft und unserem Aufwachsen.

Und noch etwas wird uns bewusst:

Das wir einander nicht nach dem äußeren Eindruck beurteilen können und sollen und nach der Art, wie wir leben; auch nicht nach unsre Herkunft...

Wir wissen, dass Gott auf das Herz schaut..

auf das Geheimnis eines jeden Menschen

und auf die Absicht und die innern Anstrengungen eines jeden Menschen..

Er: „Hinscheiden währt nicht lange. Es ist der Eintritt ins ander Leben,

in ein Leben, das nicht mehr endet.

Dieses Leben bin ich..".

Georg Urbanec

Georg Urbanec – Ansprache

Evangelium Joh 6,37ff

Jesus: Denn es ist der Wille meines Vaters, dass alle, die an den Sohn glauben, das ewige Leben
haben und dass ich sie auferwecke am Letzten Tag..

Von dem Wort vom Letzten Tag darf ich den Sprung machen zurück zu denersten Tagen im Leben
von Schorsch, ja kurz noch weiter zurück zu seinen Eltern:

Sein Vater/Opa   ist   aus dem ehemalig österreichischen Böhmen ausgewandert in seinem Beruf
als Schneider und zwar in die Schweiz nach Zürich.
Hat dort seine Frau geheiratet, eine evangelische Schweizerin.

Schorsch ist ein Jahr alt, da wird sein Vater 1942 also Euer Opa...
zur Dt. Wehrmacht eingezogen.
Nach seiner Heimkehr   1946   musste er als Österreicher die Schweiz verlassen und ist mit Frau
und Kind,Schorsch nach Vorarlberg ausgewandert, - und hier zuerst nach Müselbach bei
Lässers..und dann nach Schwarzach-Kennelbach.

Da wollen seine Eltern, dass er als Evangelischer umgetauft wird zum Katholischen..
und darum hat Schorsch öfter fröhlich erzählt , dass er in Schwarzach noch Ministrant gewesen sei..
und hat noch etliche von den lateinischen Ministrantengebete aufsagen können.

Dann hat Schorsch eine Kaufmännsiche Lehre angefangen bei der Firma Meinl in Bregenz.
Er bleibt dort 20 jahre lang als erster Verkäufer. Wohnhaft sind sie inwischen in Lustenau.

1965 heiraten Helene und Schorsch.
Helene hat in Bregenz Friseuse gelernt und so sind sie durch einen schönen Zufall zusammen
gekommen – das war im „alten Bahnhöfli" gleich über der Grenz zur Schweiz.

Eure erste kleine Wohnung habt ihr dann in Hohenems..
1966 ist Ralf auf die Welt gekommen.

Dann kommen - wieder durch zufällige Begegnungen - 4 Jahre „Talstation" Brüggele Lift.
Eine strenge Zeit..
Gewohnt damals bei Stölzler Adolf ..

Dann der Architekt Herbert Metzler : „Ich hätt da epas für Euch!"
Das „Epas" ist der „alte Engel" gewesen, den Ihr gekauft habt.
1976 habt ihr aufgemacht.
Freuis Brüder undWinders haben geholfen beim Einrichten, erinnerst du dich dankbar , Helene..
Dazu hat auch das schwere Trum von „Musikbox" gehört..
Eugen hats Aufrichten vom neuen Dach gefeiert.

1994 ist der zweite Umbau dran gekommen mit Aufstocken und Wintergarten.
Und natürlich ist derweil schon längst Pascal auf der Welt und hat da dazugehört.
Zum Stolz von Opa Schorsch und Oma Helene, weil er ein erfolgreicher Jungkoch geworden ist in
den Spuren von Ralf.
„Wir sind ein eingefleischtes Team geworden..."

Und was sagt Pascal über Opa Schorsch?
Es hat nie einen Anschiss gegeben, obwohl ich so manchen verdient hätt!

Und Ihr sagt:
Schorsch ist immer jung geblieben! Jeden Blödsinn hat er mit gemacht.
Er ist nie ein alter Mann gewesen.
Auch vom Häss her ned, vom Anlegen…

Und auch von der närrscha Musik her, die er am liebsten gehört gehabt hat.

Und dazu darf ich verraten, dass Ihr mir diese Woche noch die Kellerbar gezeigt habt..
mit der großartigen Sammlung von Schallplatten samt Plattenspieler und Anlage.
Und da gibts die berühmten Platten mit dem Luis Armstrong und den Beatles und vielen anderen
aus den 60 ige und 70 iger und 80 ige jahren... insgesamt sicher an die 500 Platten oder sind es
deutlich mehr..

Und wenn Schorsch nicht zum Finden gewesen ist..
Wo ist Opa?
In der Bar bei der Musik..!

Ich persönlich bedanke mich bei Schorsch und Helene und Ralf und Pascal für das Privileg, dass ich
öfter zu den Ruhetagen von Ralf bekocht worden bin..und dann bei zwei, drei Zigaretten fürs
Politisieren und Philsophieren mit Schorsch und Pascal..und Ralf und Helene…

„Das Leben ist ein Handwerk..Das Meisterbrief ist der Tod..".

Er: „Glaubst du nicht, dass ich im Moment des Todes mene Freunde komme, um sie sanft zuolen
mit aller Behutsamkeit, die du an mir kennst, um ihre Seele in mein Königreich des Himmels
einzuführen..?"

Siegfried Forcher 2017

Forcher Siegfried 21.8.1931   20.03.2017

Geboren als Sohn von Theresia und Gottfried Forcher, welche aus Tirol kamen
mit 4 Geschwistern in Fischbach.

Nach seinen Kinder- und Jugendjahren, in denen er auch seine Eltern in der
Landwirtschaft unterstützte, liess sich Siegfried zum Zimmermann
bei Otto Flatz, Alberschwende und Josef Kaufmann in Reu

So geschah es, dass er 1953 -natürlich auf einer Baustelle-˙ Marianne Beck, welche
als Köchin dort war, kennen und lieben lernte.
Nach einigen Jahren „stubat" im Dorf wurde das alte Bauernhaus in Fischbach
saniert und in ein – für damalige Verhältnisse modernes Wohnhaus umgestaltet.
Mit Marina, Ewald, Christine, Hermann und Bertram war die Familie
schliesslich komplett.

Siegfried besuchte in den Jahren 1953bis 1957die Bauhandwerkerschule in Bregenz.
Und so verwunderte es nicht, dass er gemeinsam mit seiner Frau Marianne den
Schritt in die Selbständigkeit wagte. 1965gründeten sie den eigenen
Zimmereibetrieb.
 Er wurde von seinen Mitarbeitern und Kunden Berufs- und Geschäftskollegen stets
als fachlich ausgezeichneter,
korrekter und fleissiger Zimmermeister geschätzt. Einige seiner einstigen
Facharbeiter
leiten heute eigene Betriebe.

Es folgten viele, schöne arbeitsreiche Jahre und die ganze Familie hat
zusammengeholfen.

In der eher bescheidenen Freizeit in den 60er und 70er Jahre machte Siegfried
viele Sonntagsausflüge mit seiner Familie – vorzugsweise- „rund ums Ländle".
Schneeglöckchen
und Alpenrosen pflücken war jedes Jahr dabei.
Jedes Jahr gab es für ihn / seine Familie / und die Mitarbeiter eine Woche
Betriebsurlaub. In dieser fuhr er mit Marianne und zuweilen auch mit einem
verwandten Ehepaar nach Kärnten, wo auch die Klagenfurter Holzmesse besucht
wurde. Viele Urlaube verbrachte er im schönen Südtirol und am liebsten fuhr er mit
seinem Auto über sämtliche Passstrassen in der Alpenregion.
 Seine weiteste Reise führte ihn 1978 zu langjährigen Freunden nach Schweden.

Jedes Jahr im Jänner war eine Fortbildung beim „ Zimmermeister-Kongress" in

Alpbach fixer Bestandteil im Jahresprogramm. Das Gesellschaftliche / Private durfte

nicht zu kurz kommen. So war er gerne einige Zeit im Pfarrgemeinderat.

Er folgte vielen Einladungen zu diversen Veranstaltungen; ging zu

Innungsversammlungen und -reisen welche in alle österr. Bundesländer führten und 1988 zu den „österreichischen Zimmermeistertagen" in die Bundeshauptsadt

Wien.

Viele Jahre wurde das Ritual gepflegt jeweils Anfangs Mai mit Marianne und

manchmal auch mit Kindern an der

„Diözesan-Landeswallfahrt" nach Maria Einsiedeln teilzunehmen.

Ruhe und Ausgeglichenheit fand Opa auch in „Buggenegg" beim Aufräumen und

Brennholz richten im Wald sowie in Fischbach.

Gelegentliche Besuche bei Freunden, Verwandten, Berufskollegen, Nachbarn u.s.w.

wurden stets gepflegt. So ging er in den letzten Jahren öfters mit Marianne zur
                                                           u. Karl
Schwägerin Herlinde nach Höchst, um dort gemeinsam mit Frieda zu jassen.

 Freude bereiteten ihm auch die diversen Familienfeiern, welche bei einer so

grossen Familie Zustandekommen, eine der schönsten Feiern war die „Goldene

Hochzeit" 2008 in der Kapelle in Fischbach.

Aber auch über den Besuch von jedem Einzelnen freuten sich Marianne und

Siegfried und waren stets gute, gesprächige und nicht zuletzt lustige Gastgeber.

In den letzten Jahren machten ihm gesundheitliche Probleme zu schaffen, aber auch

diese wurden bis zuletzt mit Hilfe aller Familienangehörigen, dem Hausarzt und

anderen Fachärzten, dem Krankenpflegeverein Alberschwende sowie dem Mohi

liebevoll begleitet.

Zu Marianne sagte er „ eine bessere Frau hätte er auf der ganzen Welt nicht finden

können" !!!

Siergfried war ein angenehmer und besonders in den letzten Wochen äusserst

dankbarer Mensch, Gatte, Vater, Opa und Uropa

Georg Hinteregger

Lieber Herr Pfarrer Mathis!

Der spontane und freundliche Brief von Ihnen hat mich tief berührt und auch beschämt. Die kleinen Geschenke sollen ja nur der Versuch sein, Ihnen ein geringes „feedback" für all Ihre unbedankten und nicht beachteten Tätigkeiten zu geben.
Wir haben ein großes Leid in unserer Familie, unsere 39-jährige Tochter Irmgard ist an einem Brustkrebs erkrankt. Ihr 4. Kind, Michael, haben Sie im vergangenen Sommer liebenswürdigerweise eigens in der Meubot-Kapelle getauft. Meine Frau und ich waren 3 Monate in Oberösterreich zur Aushilfe. Irmgard wurde 3 mal operiert und erhielt 34 Rö-Bestrahlungen in 6 Wochen. Ich habe sie immer von Ottenschlag in die Rö-Therapiezentrale nach Linz gebracht. Die Atmosphäre in diesem Bestrahlungskeller ist so bedrückend. Ich hatte großes Mitleid mit allen Patienten. Solschenizyn beschreibt in seinem Buch „Krebsstation" so eine Situation sehr treffend.

In der „Furche" wurde bei einem Essay-Wettbewerb ein Aufsatz mit dem Titel: „Das Gebet
in Zeiten der Not wird Gott nicht gerecht" preisgekrönt. Wir beten jedoch gegen alle Hoffnung.
Darf ich Sie, Herr Pfarrer, um ein Memento
bitten. Nun genug des Jammers.
Für die kommenden Weihnachtstage wünsche
ich Ihnen jeden Segen Gottes und ein
friedvolles und gesundes Neues Jahr.

Mit freundlichen Grüßen u. Dank

Ihr

Hinteregger-Gray

Dornbirn 17.12.01.

Printed by Books on Demand GmbH, Norderstedt / Germany